U0727026

让你提高记忆力

[德] 克里斯蒂娜·索尔　迪尔克·康纳茨◎著

谢芳兰◎译

四川人民出版社

图书在版编目（CIP）数据

这样学习效率高 /（德）迪尔克·康纳茨等著；谢
芳兰译 . -- 成都：四川人民出版社，2017.8
（儿童自我成长小百科）
ISBN 978-7-220-10044-4

Ⅰ . ①这… Ⅱ . ①迪… ②谢… Ⅲ . ①学习方法—研
究 Ⅳ . ① G791

中国版本图书馆 CIP 数据核字（2017）第 040273 号

著作权合同登记号　图进字：21-2017-445

Published in its Original Edition with the title
Power-Gedächtnis - fit in 30 Minuten
Author: Christiane Sauer
By GABAL Verlag GmbH
Copyright © GABAL Verlag GmbH, Offenbach
This edition arranged by Beijing ZonesBridge Culture and Media Co., Ltd.
Simplified Chinese edition copyright © 2017 by Beijing Reader's Cultural & Arts
Co., Ltd.
All Rights Reserved.

儿童自我成长

之 快速学习法

通过阅读这本书，你能够掌握到如何快速提高自己的记忆力。

- 每个章节围绕着3个中心问题展开，这些问题在每个章节中都会得到解答。

- 在每个章节结束的时候，会再次总结归纳一遍最重要的内容。

这本书结构清晰，你可以随时拿在手边，快速浏览你感兴趣的内容。

目录

开篇语

要求一个人记住他看过的任何东西就犹如要求他随身携带他所吃过的所有东西。

——叔本华

叔本华的这句话影射了我们记忆的一个重要的特征：忘记。如果一个人要把每天涌向他的信息都保存在记忆中的话，那么他很快就会崩溃。为了避免这种情况发生，我们的记忆会在短时间内就做出决定，该记住什么，该忘记什么。但是这正是问题的所在！

也就是说——要采取什么措施，你的记忆才不会忘记下次写课堂作业所需学会的英语单词与数学公式呢？你如何才能够快速地把大量的信息同时保存在你的记忆里？

以后你如何才能够更好、更快乐地学习呢？关于这个以及其他围绕着记忆的问题，在本书中你将会找到大量的答案，它们以有趣的、绝妙的学习方法的形式出现。

试试这些方法吧，你很快就会发现，你的记忆会变成真正的强力记忆！

结构

在第一章中，我们将为你讲述有关左右脑以及记忆的工作原理等一些重要信息。

在第二章中，我们将指导你如何按照大脑的工作原理来学习、复习以及如何把学习过的东西长久地保存在记忆中。

在第三章中，我们将向你展示，如何以智取胜并开启你的记忆发动机。利用前面章节中介绍的技巧，你能够在短时间内一下子就掌握大量的信息并出色地完成你的课堂作业。

最后在第四章中，我们将提出一些有趣的训练建议，让你那些小小的灰色细胞快速变成强力记忆。

祝你阅读愉快！

克里斯蒂娜·索尔

迪尔克·康纳茨

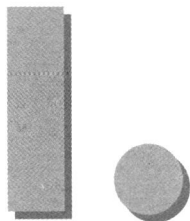

Chapter I

通往长期记忆
之路

- 大脑的结构是什么样子?

- 如何让所学习的内容进入长期记忆?

- 为什么有些信息人们很难、甚至根本就
  记不住呢?

你是否问过自己，为什么你花了几个小时的时间来学习但是还是很快就把学习过的内容忘记了呢？你是否要费很大劲才能够记住一些单词或者数字，或者你根本就记不住它们？为什么会出现这种情况呢？而与你的这种学习痛苦相反的是，你的同学却能够非常轻松地学会新的单词，舞台演员能够轻而易举地记住他的台词，对此现象该如何解释呢？

幸运的是，这个问题的答案与大脑的大小没有关系，否则一头大脑重约5千克的大象的智力会远远超过我们的智力。我们人类大脑的平均重量只有1.5~1.6千克，而人类大脑胜过其他动物的秘密主要在于它的组织与结构。这种组织结构能够让我们取得优异的成绩。

　　在看电视节目时，你肯定看过一些记忆家的表演，他们在短时间之内就能够把一大串的数字序列或者词汇表背出来。这些记忆家、聪明的同学以及演员都没有使用魔法，他们只是巧妙地利用了大脑强大的能力。因此了解一下大脑的结构是非常有意义的。

左右脑

美国神经生理学家罗杰·斯佩里因发现大脑左右半球的功能差异而获得1981年的诺贝尔医学奖。他在多年的研究中发现，左右脑分别负责一定的能力、感觉与活动。后文的图片应该能够让你形象地了解左右脑的这种分工。

斯佩里的实验结果改变了人们之前对大脑工作原理的理解。因此斯佩里也成了大量的按照大脑工作原理制定的学习与工作方法的开路先锋之一。

左脑的优势

你在解决一个问题时，你在几分之一秒之内就会决定用

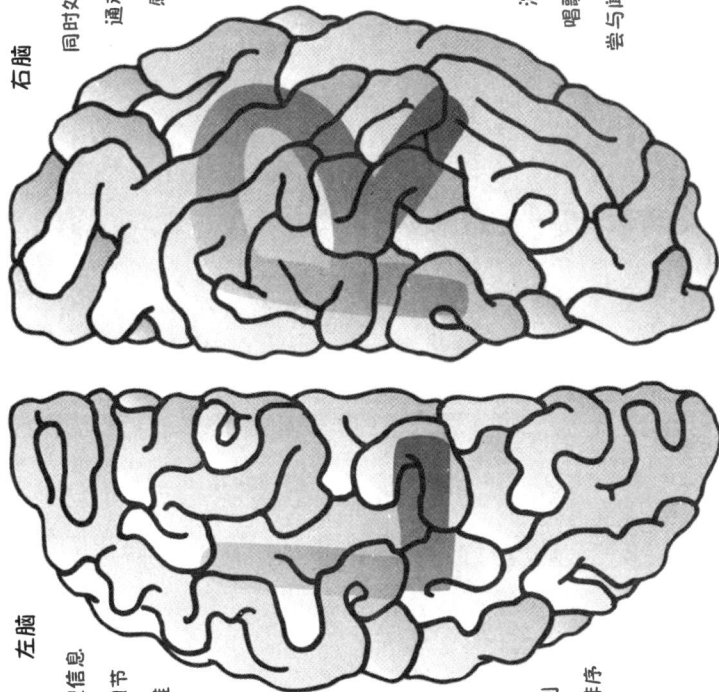

右脑

同时处理信息
通观全局
感觉与做梦
本能与好奇
打破规则
推测、喜欢冒险
使用无声的身体语言
（比如姿势、面部表情）
对声音感兴趣
幻想、想象画面
画画
演戏、模仿
唱歌、跳舞、运动
尝与闻

左脑

一个接一个地处理信息
感知细节
逻辑思维
分析
制定规则
避免错误
说
认真地听
阅读
写
计算
规划
排序

11

左脑还是右脑来解决这个问题。这个决定主要受你接受的教育与学习经历的影响。如果你仔细观察了大脑模型的话，很快就会发现，在西方社会——尤其在学校里，我们都更喜欢用左脑。但是这样会导致负责我们日常生活的右脑的一些重要功能的荒废。除此之外，只用左脑来学习会消耗更多的能量与时间，因为你只用了一半的力气来学习。

测试一下——你是习惯用左脑还是右脑？

通过下面这个小测试，你将会知道你更喜欢用左脑还是右脑。你先阅读一遍下面的文章，然后尝试凭记忆复述一遍：

> 一个两只腿的动物坐在一个三只腿的东西上面吃着一只腿。突然来了一只四只腿的动物，它把两只腿动物正在吃的一只腿抢走了。于是，两只腿的动物拿起这个三只腿的东西打了这只四只腿的动物。

你能够马上就背出这个句子吗？如果可以的话，那么你在阅读的时候（运用左半脑）同时也运用了你右脑的想象力，比如你把文中提到的事物分别想象成一只鸡腿、一个人、一个小板凳与一条狗。

带着左右脑全速前进

如测试所示，如果你合理地运用左右脑的能力的话，你记忆起东西来会更快、更轻松。

本书中介绍的学习方法就是按照这个原则进行的。

从超短期记忆到长期记忆

但是令人遗憾的是，忘记也是记忆的一个重要功能。通过下面这个小测试你能够更直观地明白这个事实：

一个小小的数字测试

用你平常阅读的速度读下面三行数字之中的第一行，并马上以同样的节奏再阅读一遍或者让另外一个人再念一遍给你听。然后合上书本，把你记住了的数字写下来。然后按照同样的方法记忆第二行与第三行数字。

6个数字：3，5，14，1，9，18

9个数字：8，17，2，12，6，15，0，23，3

12个数字：13，7，10，21，4，12，9，5，3，11，2，19

也许你能够轻易地记住第一行数字，从第二行数字开始，你就只能说出5~7个数字，到了第三行数字，你的记忆可能就运转得不那么灵敏了，连5个数字都记不住了。但是不要担心，你的健忘症与智力缺失一点关系都没有。相反，你的记忆做得很对，它忘记没有用的信息来保护你的记忆免受多余的记忆垃圾的困扰。

我们如果知道人类记忆的工作原理，就会明白记忆这种只能接受5~7条信息的限制性了。每条信息，比如一个单词，必须被过滤3次才能够固定在记忆中不被忘记。

第一层：超短期记忆

记忆只能接收6条左右的信息的限制性主要与这第一层有关。在这一层，各条信息以弱电流的形式在你的大脑里运动约20秒钟，然后大脑再决定是忘记它们还是让它们进入下一层。

如果你在很短的时间内学习了非常多的信息或者在学习时你被干扰了，那些没有用或者很难记住的信息，比如你不感兴趣的或者你无法理解的信息，就会停留在超短期记忆中并很快就会被你忘记。

第二层：短期记忆

如果一条信息通过了第一层，那么它就会进入短期记忆。在短期记忆中信息能够被保留约20分钟之久。在这段时间里，大脑里会形成新的、更牢固的神经束。这些神经束负责保存与传递刚刚学习的信息。

但是这个重要的过程也会被打断，比如受到惊吓、错误的复习方法或者没有及时复习，等等。

第三层：长期记忆

一旦一条信息进入了长期记忆，那么它就会被永久保存。但是这并不意味着你每次都能够把这条信息立刻从你的记忆中提取出来，也就是说有的时候，你不能立刻回忆起它。你一定遇到过以下这种情况，你明明曾经知道一些单词的翻译，但是之后你就是想不起来。因此，你必须定期复习学习材料，这样你的记忆才能够轻易找到已经保存了的知识（详细内容请

超短期记忆
保存时间：20秒左右

短期记忆
保存时间：20分钟左右
形成神经纤维

长期记忆
保存时间：永久保存

参见后文）。因为各个脑细胞之间联系越牢固，脑细胞分支越多的话，你的记忆就越有把握重新找到学习过的材料。

在接下来的几个章节中，我们将教给你一些有用的建议与学习技巧。它们有助于你按照大脑的工作原理来学习，从而使你学习得更快、更轻松。如果你能够很专业地使用你的记忆，那么你的强力记忆所能够做的一切肯定会让你惊讶的。

小结

- 能否成功地保存学习过的知识主要取决于以下一点，即你对你的大脑与记忆的工作原理了解有多深。
- 你只有合理地结合你左右脑的能力，你才能够做到全力以赴地学习。
- 此外你还要知道，任何学习资料在被保存到长期记忆之前，必须经过不同的记忆层。

Chapter 2

成功保存学习材料

- 如何使得无聊的学习材料变得有趣?

- 人们如何找到自己的学习节奏?

- 如果恐惧与压力使得学习变成了一件痛苦的事情,
  对此我们应该怎么办?

　　所有的脑细胞以及连接脑细胞的神经纤维的长度加起来约有50万千米，比地球到月球的距离还长。因此人类有一个巨大的、非常灵活的思维工具。比如在运动时，大脑能够对突发情况做出快速反应。

　　对此，科学家们还发现了一些有趣的现象：小提琴与大提琴演奏者的脑区比非音乐家的脑区大30％左右，因为他们的手指需要使用更多的神经细胞。出租车司机大脑里的区域被训练得很好，能够记住行驶过的任何地方。每次行驶，出租车司机就从记忆中提取出要行驶的路段。如果遇到新的路段，它们又会被添加到记忆中。但是很明显的是，相同的脑区也有可能负责不同的活动。比如，一个盲人在阅读盲文时与一个正常的人阅读时使用的脑区是一样的。此时，大脑把视觉转换成了触觉。

附注： 研究者发现，在青春期前或者青春期期间，大脑的一些部分将发育得非常之快。这为强力记忆打下了良好的基础！

多途径学习

也许你已经有过这样的经历，就是当你找到了某个单词或者某条信息所在的书或者笔记本的页码时，你才能够重新记起这个单词或者这条信息。类似的现象还有，当你听到某首老歌时，你会突然想起过去的感受与画面，或者当你闻到巧克力的味道时，你会想起你的奶奶制作糕点的画面以及奶奶制作的糕点的味道。

记忆内容之间的联系

人类的记忆具有这样的特点，即某些记忆内容是彼此紧密相连的。这些内容是通过我们的5种感官进入我们的记忆之中的，也就是：

- 看（视觉）；

- 听（听觉）；

- 触摸（触觉）；

- 尝（味觉）；

- 闻（嗅觉）。

在一件事情中，你调动的感官越多，你的记忆就能够越快地记住这些新的内容，以后你也能够通过不同的方式轻易地从记忆中调取出这些内容。在学习单词与其他的学习材料时，你可以充分地利用记忆的这种特性！

学习时同时使用左右脑

如同你在前文看到的一样，你的学习途径或者说你的感官分布在左右脑上。为了充分利用你的记忆能力，学习时你应该尽可能把左右脑的能力结合起来使用。下面有一首诗，如果你在阅读并大声读出来的同时，想象故事中发生了什么，并像演员一样用姿势与面部表情表现出来，那么你就能够毫不费劲地记住这首诗。

练习

2 奥托的狮子狗

奥托的狮子狗生气了

奥托：狮子狗，你给我走开

奥托的狮子狗就跑了

奥托：还好

奥托拿来了焦炭

奥托拿来了水果

奥托偷听

奥托：狮子狗，狮子狗

奥托希望

奥托的狮子狗过来敲门

奥托：过来，狮子狗

奥托的狮子狗走过来了

奥托的狮子狗吐了

奥托：天呐，我的天呐!

2 正确地学习单词

也许很多学生会觉得学习单词非常无聊、艰难——但是这并不一定完全正确! 如果你在学习单词的时候把左右脑的能力结合起来使用的话，你会节省很多的时间与精力。这样不仅会给你的学习带来乐趣，也能够让学过的单词固定在你的长期记忆中。

一个英语单词，比如"chives"（韭菜），你可以按照下面的方法来学习：

- 把它用磁带录下来，然后反复听；

- 大声朗读给自己听；

- 练习这个单词的拼写；

- 把它归到一个主题区中（"辛辣的"）；

- 脑海中想象它的样子或者为它画一幅画；

- 想象一种味道或一种气味，或者把它与一种感觉联系起来；

- 如果可能的话，用哑剧，也就是用姿势与面部表情表现出来（比如，把它切成小段）。

合理的学习份额

你是否已经做了前文的数字测试？如果还没有的话，在你继续阅读下面的内容前，务必先做一遍这个测试！

一次不要多于 5~7 条信息

数字测试显示，你的超短期记忆——通往长期记忆路上的第一层——同时只能记住 5~7 条彼此不相关的信息。如果不相关的信息超过了 5~7 条的话，那么你的超短期记忆无法把它们传递到第二层，也就是短期记忆。比如，如果你一下子学习 10 个单词的话，很有可能其中的一半你是白学了，因为你的记忆很快就会把它们归为没有用的信息并把它们从记忆中清除掉。

2 分成小的学习单元

但是如果你在一天之内必须要学习30个单词的话，你该怎么办呢？

你最好把这些单词分成6个小的学习单元，每个单元5个单词，然后分配一天的时间来完成这些小的学习单元。在此期间，你应该有足够的休息时间并完成其他的事情与任务。当你学习完了所有的单词之后，晚上睡觉之前应该再复习一遍。

2 插入休息时间

原则上来说，学习时要在学习单元之间插入休息时间。只有当你百分之百专注于学习时，你的记忆才能够达到最佳状态。虽然随着年龄的增长专注的时间会变长，但是你最少也要在30分钟之后休息几分钟，这样你才能够继续全力以赴地投入到工作中。

🏷 年龄不同，专注的时间长短也不同

平均的专注时间是：

5~7 岁	约为 15 分钟
8~9 岁	约为 20 分钟
10~12 岁	约为 25 分钟
12 岁以上	约为 30 分钟

🏷 每小时的专注水平

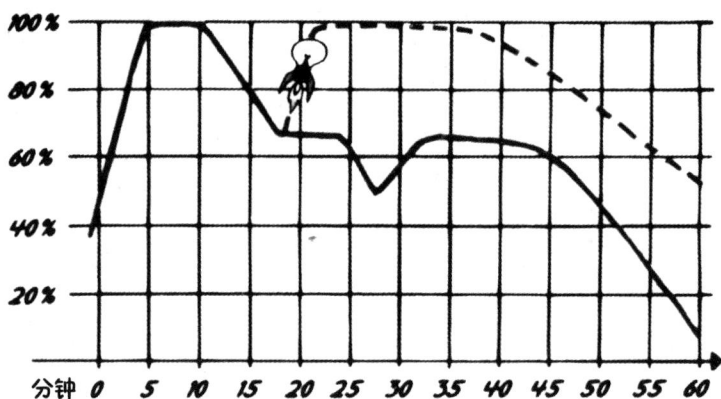

🏷 规划并组织休息时间

每个运动员在一次高强度的训练单元之后都需要休息，

这样他的身体才能够得到休息并为下个训练回合积攒能量。训练单元与休息在时间上越协调，休息时间度过得越有意义——比如按摩、放松练习或者健康的饮食——那么身体会恢复得越好。

你的大脑也是一样的。休息时间规划得好的话，你的大脑就能够长时间高效率地运转。重要的是，随着学习时间的增加，也要慢慢地增加休息时间，学习单元也要相应地缩短。此外还要注意，你的休息时间要过得有意义。比如，你可以如下所示安排你的训练表：

一个用来学习的下午

第1个学习单元	30分钟
休息（吃苹果、吃饭、给房间通风）	30分钟
第2个学习单元	25分钟
休息（遛狗）	10分钟
第3个学习单元	20分钟
休息（吃香蕉、骑自行车）	15分钟
第4个学习单元	15分钟

这样复习**才**是正确的

科学调查发现，单纯地复习学习材料无法巩固你的记忆。现在你肯定会说："对，这点我早就知道。复习不仅枯燥，而且也没有什么效果。"

另外一方面，你肯定也发现了，学习之后，经常无法牢固地记住教材，在下次课堂练习中你肯定无法通过考试。但是该怎么复习才能够更有效、更有趣呢？

用多种方式来复习

复习时如果只使用一种学习途径的话，这样的复习是最无效的。比如在复习单词时，你只是不停地阅读单词的话，这种复习几乎是无效的。如果你像下面这样做的话，效果会好很多：

- 在复习时使用尽可能多的学习途径；

- 写总结；

- 画一个概要草图，比如头脑地图的形式；

- 把学习材料讲给第二个人听；

- 把要点写在索引卡上；

- 围绕着主题来提问并回答这些问题。

避免阿斯伯格抑制

也许你已经有过以下经历，比如在法语课上只想起英语单词或者在英语课上只想起法语单词。这种情况你可能在数学与物理公式的学习过程中也发生过。

如果你不停地学习或者复习相似的学习内容，就会发生这种"切换错误"。你的大脑感觉超负荷运转，于是它就丢掉多余的负担。也就是说，你的记忆会把英语或者法语单词忘掉或者——最糟糕的情况——把两者都忘掉。为了避免这种阿斯伯格抑制，你应该：

- 不要连续学习相似的学习材料（比如，英语，然后数学，然后才是法语）；

- 给你的记忆足够的休息时间来处理学习过的学习材料；

- 在不同的地方学习相似的学习材料（比如在你的房间学习英语，在卧室学习法语）。

建议：制作一个分类系统

组建一个记忆图书馆，你就能够更容易地在那里找到被保存的知识。按照颜色，为每门科目制定卷宗夹、文件夹或者索引卡会非常有益。

让无聊的学习材料变得有趣

令人遗憾的是，如果你在学习时对学习材料没有兴趣的话，最好的学习方法通常也是徒劳。如果你觉得要学习的东西很枯燥的话，那么你就给你的记忆传达了一个这样的信号，即这个主题不重要，因此它很快就会被忘记。即使是频繁的复习也无济于事。

无聊的教材也会变得有趣，如果你不只是阅读教科书上的内容，而是：

- 在网络上收集与这个主题有关的信息；

- 看围绕着这个主题展开的故事片与报道；

- 想一想，关于这个主题你能够向你的老师提出哪些他无法回答的问题；

- 把你的朋友对这个主题感兴趣的方面记下来；

- 想一想，你自己、你的家人或者朋友是否已经有了这个主题方面的经验；

- 想一想，这个主题对你自己的人生规划有什么意义；

- 详细记录你对这个主题不感兴趣的原因。

附注：有时一个主题，你只有收集了一点与之相关的信息，它才会变得有趣。

利用学习索引正确地复习

学习索引尤其适用于学习、复习课堂作业，特别是复习学习材料。学习索引有很多好处：

- 它能够让你对词汇、重要的数据、公式、语法规则等有一个大概的了解。

- 它能够明确地告诉你，哪些信息你已经牢牢地记住了，哪些信息你还需要加强学习。这会激发你的积极性并节省你的时间。

- 在给索引卡写标题的时候，你就已经同时使用了多种学习途径：除了写与阅读，你还能够把学习内容大声地读出来并通过图画或者素描把它们表现出来。

- 你能够更好地记住利用索引卡学习的信息，即使脱离书的页码与章节你也记得这些信息。

你自己很快就会发现学习索引卡其他的好处。

制作学习索引，你需要使用大小至少为A7大小的白色索引卡，为了把卡片箱分成多层，还需要使用足够多的隔离片。

此外你还需要使用不同的颜色来写标题，这样你才能够更好地区分规则与例子。你还可以利用图画与象征符号，比如索引卡的正面是英语单词，背面是图画。

下面的学习节奏主要适用于学习单词。你试一试，这个节奏是否适合你或者是否有更适合你的节奏：

34

第一天：　　　　　　　刚刚学习

晚上：　　　　　　　　复习第一遍

第二天：　　　　　　　复习第二遍

1个星期之后：　　　　复习第三遍

1个月之后：　　　　　复习第四遍

6个月之后：　　　　　复习第五遍

把每个忘记了的单词重新放回"刚刚学习"的那一层。

保持冷静——
学习不要有压力与恐惧感

令人遗憾的是，有时候再强的记忆也会出错，比如当你有压力或者感觉恐惧时。

引起压力与恐惧感的原因

压力的起因经常是一些干扰因素，比如来自外面的噪音、电话声或者时间紧迫，等等。引起恐惧感的原因也有很多，一般是害怕犯错，比如害怕说错话而被人嘲笑或谴责。

压力与恐惧感引发的后果

压力与恐惧感可能会导致下列情况发生：

- 体温升高（冒汗），因为更多的能量用来逃跑或者战斗。

- 心跳加快，呼吸变急促，因此肌肉的氧气供应增加。

- 肌肉绷紧（发抖），为了能够做出更快的反应。

- 产生想上卫生间的需求，为更快地逃跑减轻负担。

- 关闭其他思路，这样它就不会阻碍你快速做出解救自己的反应。

思维障碍

在有压力或者恐惧感时，身体会产生压力荷尔蒙（比如肾上腺素），它会阻碍你大脑神经细胞之间的信息传导。后果就是思维完全被阻碍，甚至最简单的计算题你都无法做出来，或者学得很好的单词却想不起来。

下面几条建议会帮助你更好地处理压力与恐惧感，这样不管在什么情况下你都能够相信你的强力记忆。

保持冷静——让你更平静、更放松的方法建议

- 好好准备！准备充分是能够静心、轻松地完成你的课堂作业的基本条件。如果你好好地准备了这个主题，那么你在考试时会感觉更有把握。

- 规划你的时间！在学习或者做课堂作业时，你的时间划分得越好，你会觉得越轻松。这样的话，在考试时间结束前5分钟，老师的报时也不会让你感觉紧张。关于时间这个话题，你可以阅读我们这一系列中有关"时间管理"的内容。

- 释放压力！运动可以让你消除压力——不管是踢足球、骑自行车还是滑雪等，运动之后你的身体会变得更轻松，你的大脑又能够全力运转了。

- 找到能够鼓舞自己的话！在困难的时候，它能够鼓舞、支持你。鼓舞自己的话要以"我"开头并使用积极的字眼，比如"我做到了"或者"我很平静、很放松"。

- 做呼吸练习！用鼻子慢慢地吸气并默数到5，然后停顿2秒钟，最后再用嘴巴慢慢地吐气，吐气的时候往

回数到 0。慢慢地呼气能够减慢你的脉搏跳动，你又能够恢复平静了。

● 接受恐惧反应！如果你在恐惧的时候，抑制身体不舒服的感觉，比如肚子疼，那么这些感觉会变得更糟糕。因此你要有意识地注意到并接受这些感觉。通常这样做，结果会变得更好。

小结

你的记忆会工作得很好，如果你：

· 在学习时，同时使用多种学习途径；

· 按照大脑的工作规律来划分学习材料，给你的记忆足够的休息时间；

· 正确地复习，避免阿斯伯格抑制，让主题变得更有趣，制作一个分类系统或者使用学习索引；

· 在思考的时候保持平静与放松。

Chapter 3

打开记忆涡轮

- 如何提高记忆水平?

- 头脑地图方法的特点是什么?

- 如何制作一张完美的作弊条?

记忆法是学习方法中的"涡轮机"。借助于记忆法你能够在短时间之内同时记住5~7条以上的信息。记忆法尤其适用于帮助你记忆难记的单词、数字、事实甚至复杂的信息，让它们直接进入长期记忆之中。

记忆法的诀窍是，学习时把左右脑的能力结合起来使用。尤其是右脑发达的人，他们经常使用这种诀窍，能够很好地记住图画并在脑海里进行想象。你在电视里看到的记忆家就是利用下文提及的记忆法达到他们那惊人的记忆水平的。也许不久前，你曾在电视台上看到一个小女孩在短时间之内背出了144位数字。那么在背诵的时候，她就是结合使用了位点记忆法与定桩记忆法。

　　附注："Mnemo"（记忆）这个单词来源于希腊单词"mneme"（记忆）。这个单词起源于希腊并不是偶然，因为古希腊人早就知道，利用什么技巧能够让记忆达到最好的效果。

位点记忆法

最古老的记忆方法非位点记忆法莫属。据罗马哲学家西塞罗的说法，这种方法是在公元500年前由希腊诗人西蒙尼特斯发明的。据一篇名人逸事记载，西蒙尼特斯在一次聚会中，为了表达对主人的敬意，朗诵了一首诗，然后他就离开了宴会大厅。而当他出来之后，屋顶就坍塌了，里面所有的人都丧失了性命。因为客人们的尸体无法辨认，但是又要举办一个隆重的葬礼。于是人们把西蒙尼特斯叫来，看他还能够记起谁坐在哪个位置。而他竟一一记得。他惊讶于自己惊人的记忆，于是接着他就发明了位点记忆法。

西蒙尼特斯用他的想象力画了一个空间，空间里面有特征显著的角落。他把某些东西放在这些角落。如果他之后想记起这些东西的话，他只要在想象中巡视空间里的这些角落就可以了。比如演员把他们要背诵的大篇幅的文章与舞台中的场景布置联系起来，以此记住这些文章。

位点记忆法的作用原理

位点记忆法是把要学习的信息与特征显著的地点联系起来，如果信息的顺序很重要的话，就把它们与某条路上（比如你上学的路）某些确定的点联系起来。此外需要注意的是，你要为每次信息–地点的联系想象一幅图画，然后把这幅图画保存在记忆中。图画越独特，你的记忆就能够把它保存得越好。

例子

如果你想尽可能脱稿，就"互联网"这个主题做一个报告的话，你可以事先在脑海里把各个段落重点的报告顺序与你上学路上特征显著的点联系起来，比如：

- 1. 家门与互联网的入口。

第一幅画：门后面是互联网。

- 2.花园篱笆与互联网上的网址。

    第二幅画：花园篱笆上的木条表示互联网中不计其数的网址。

- 3.报亭与互联网中的信息报道。

    第三幅画：报亭中的报纸对很多不同的主题进行了报道。

- 4.红绿灯与互联网中的交流与乐趣。

    第四幅图：红绿灯让人想起迪厅的灯。在迪厅人们能够彼此交流并让自己快乐。

- 5.学习与互联网的未来。

在学校，学生应该为他们的未来铺好路。

你可以这样记住尼采（1844年出生）的出生日期，比如你可以把这个日期中的各个数字从左往右与你书架上的东西联系起来并在脑海里想象一副图画，比如：

- 台灯：台灯的把手看起来很像1。

- 书：想象在书上有一幅眼镜，眼镜看起来像8。

- 猪形储蓄罐：想象在猪形储蓄罐上面画了两片4片叶子的苜蓿叶。

但是学习数字的话，还是使用定桩记忆法比较合适（参见后文的内容）。

想一想，用哪 10 个论据能够说服你的父母给你买一辆新的自行车、让你去参加一个派对、与朋友一起去旅行……

合理地安排这些论据的顺序并借助于位点记忆法把这些论据保持在你的记忆中。

利用位点记忆法能够帮助你学到什么

位点记忆法能够帮助你学习：

- 报告中各个要点的顺序；

- 一次讨论的论点；

- 为课堂作业或者口试准备的材料；

- 数字与重要的数据。

编故事记忆法

也许你不仅喜欢读书本中的故事，还喜欢电视中讲的故事，你甚至自己也会编故事。

利用下面的技巧，你可以任你的想象天马行空、自由奔跑。这里我们将用一个故事把各个单词串起来。故事的过程表示你记忆的顺序，这个顺序能够让你轻易地记住这些单词。利用这个技巧你在10分钟之内能够学会20个单词。

编故事记忆法的作用原理

把要学习的单词用一个故事串起来。这个故事可以用英语、法语等来编，也可以夹杂着各种语言。当你对一门外语掌握的还不够好时，下面这种方法很适用。

避免列举与排列。只有当每个单词都与一件事情相联系时，故事才有脉络，比如："在一座桥（bridge）上有一只猫（cat），这只猫在打呼噜。在猫的旁边坐着一条狗（dog）。"

试着把故事编得尽可能真实、生动。故事越奇特或者越有趣，你就能够越好地记住它。

一个例子

假如你今天的课堂作业是记住 10 个新单词，那么利用下面编的故事，你能够更快更好地记住这些新单词：

我们不确定（sure），汤姆生日时送给他一个微波炉（microwave）是否合适。汤姆是我们的新同学（classmate），他对班上的同学都很友好（kindly），但是我们明显地感觉到他不信任（distrust）我们。突然我有了一个灵感（inspiration）。我们取消（cancel）送微波炉这个主意，我们去租（rent）一个橡皮艇（rubber dinghy）。汤姆生日时，我们一起去海上划船、潜水（dive）。

找20个"模糊单词"——也就是你的记忆不能轻易记住的单词——然后把它们写在一张纸上。现在用这些单词在15分钟之内编出一个尽可能荒诞的故事。

编故事记忆法有助于你学到什么

这种方法尤其适用于学习：

- 单词与概念。尤其是当你要为完成一次课堂作业，在一个晚上必须要记住很多单词的时候。

- 你的记忆不能轻易记住的"模糊单词"。

- 按照一定顺序排列的概念，比如一个历史过程或者事情经过的描述。

建议

就像故事的脉络是一种有益的顺序安排一样，按照"词汇场"来整理单词对于你的记忆也是一种很大的帮助。只要学习材料允许，你就应该试着构建词汇场，比如"交通工具"：自行车、小汽车、卡车、直升机、船，等等；或者"职业"：教师、工程师、门卫、牧师、园艺师，等等。

定桩记忆法

如果你在电视中看到这样一个节目，比如一个小女孩在短时间之内凭着记忆背出了144个数字。这说明拥有一般人不可思议的记忆力是可能的。但是如何做到这点的呢？

这个小女孩可能结合使用了你已经知道的位点记忆方法与定桩记忆法。首先，她在她的房间里确定72个连续的站点，也就是所说的"线路点"，比如"1"代表床，"2"代表床前的地毯，"3"代表写字桌等。然后她为0～99这100个数字分别指定100件物品，这100个数字是她必须要记住的。然后她把这144个数字分成72个两位数，每个两位数对应一件物品。接着她只需要把这72件物品按照一定的顺序分布在确定的"线路点"上。比如假设前两位数是43，用猫来代替43，那么第一幅图是"床上的猫"。当然这种技巧需要大量的练习才能够熟练掌握。

当然你会觉得记住这144个数字没什么用。但是这个例子非常清楚地告诉了你，如果没有左脑（规划确切的顺序）与右脑（想象图画、幻想）的相互配合，这个任务是无法完成的。

你也可以把定桩记忆法简单化，并运用到你的学习中。定桩记忆法是一种分类系统，你的想象力也有助于你很好地运用这种方法。通过这种方法你能够记住单词、事实、论点等，比如把它们与某些数字象征符号联系在一起。

利用数字象征符号的定桩记忆法的作用原理

利用接下来讲到的10个数字象征符号你能够记住很多信息，并且以后也能够把这些信息准确无误地从记忆中提取出来。仔细观察下页的象征符号并好好地记住相对应的数字。

把数字与这些象征符号联系在一起是因为它们形似。当然，你也可以找出其他的数字象征符号。

只要你记住了这些符号，你就可以把任何一条信息（比如报告的各个要点、单词，历史事件发生的年份、事实）与象征符号的图片联系起来。

⚡ 两个例子

利用数字象征符号你可以记住任何一个出生日期。这里我们列举两个例子：汤姆·克鲁斯与布兰妮·斯皮尔斯的生日。记的时候要弄清楚图画的顺序，比如不是21.1，而是2.11，你可以把点想象成某种声响，比如打喷嚏、咳嗽、大喊大叫，等等。

汤姆·克鲁斯（3.7.62）：汤姆·克鲁斯站在领奖台（3）上，高兴地大声叫喊。他偷了7个小矮人（7）中其中一人的一顶帽子以防被雨淋湿，于是那个小矮人大声抱怨，因为他被一只大象喷了一身的水（6）。于是他周围就形成了一个小水坑，一只天鹅（2）在里面游泳。

布兰妮·斯皮尔斯（2.12.81）：布兰妮·斯皮尔斯坐在一只天鹅（2）上打了一个喷嚏。她用棒球棒（1）与另外一只天鹅（2）打斗。天鹅大叫一声并弄丢了自己的眼镜（8），于

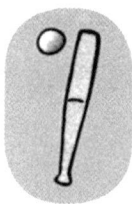   

0 1 2 3 4

5 6 7 8 9

我的数字符号：

0 1 2 3 4

5 6 7 8 9

是她用胜利者的姿势把棒球棒（1）扔进了水里。

练习

用这种方法试试记住下面这几个人的生日：

- 克里斯蒂娜·阿奎莱拉（18.12.80）；

- 迈克尔·舒马赫（3.1.69）；

- 麦当娜（16.8.58）。

定桩记忆法有助于你学到什么

定桩记忆法主要帮助你记住：

- 历史发展过程的顺序；

- 事件详情；

- 报告中的各个要点；

- 讨论中的论据；

- 各个单词或者概念；

- 数字与数据。

建议

所有这些"涡轮"技巧之所以能够起到这么大的作用，是因为它们充分利用了右脑的图画想象能力。你想象的图画越精彩，你的记忆就能够越牢固。下面几个建议有助于你改善你想象的图画：

● 具体、生动、彩色与动态的图画；

● 有感情的图画（不管是好情绪还是坏情绪）；

● 自己想象的图画，要尽可能有趣、独特。

还有一个建议

你可以寻找你已经知道的、发音相似的单词来学习新的单词或者概念，比如"guest"和"ghost"，对此你可以通过想象来进行学习。你可以想象一幅容易记住的图画，把这个关键词与它的意思联系起来，比如：你母亲的客人（guest）看起来像一个幽灵（ghost）。

绝妙的作弊条：头脑地图方法

我想大家肯定都知道作弊条这个小伎俩！在课堂作业之前或者在上课之前，努力地把尽可能多的信息写在一张尽可能小的纸条上，然后把它放在一个不起眼的地方。你在制作作弊条时一般都比较紧张，但是它却经常派不上用场。这不仅仅是因为作弊条上看不清楚的单词，还有一点就是，如果倒霉的话你会被老师发现。

为了消除考试前的任何压力，现在我们将教你如何制作绝妙的作弊条，这样你以后就再也不会为考试担心了。这种方法的最大好处就是，在你制作完作弊条之后，你就可以放心地把它丢掉而不用把它带到考场上了，这是为什么呢？

这是因为这种作弊条的结构能够让你的记忆快速并牢牢地记住作弊条上所有的信息。因此这种作弊条也被称之为头脑地图（记忆图）。在绘制头脑地图时，你要极其高效地把左脑（排序、写作、阅读）与右脑（画画、绘图、看图）的能力结合起来，这是强力记忆与高效率工作的最佳前提条件！

头脑地图的作用原理

- 使用空白纸！也就是没有线条与格子的纸。

- 写的时候把纸横放，因为头脑地图更喜欢朝着横向而不是朝上与下发展。

- 把主题写或画在纸的中间！围绕着它画一个圆。这样你就能够把注意力集中在这个主题上。

- 为每个重点画一根树枝！这些树枝相当于你的主题的章节标题。

- 再把其他的细节作为分枝添加进去！这里的细节是指主要思想的后续内容。

- 用粗体字标注你的头脑地图，这样你能够看得更清楚、记得更牢固。

- 使用关键词！整个句子对于你的记忆来说太长了。

- 使用颜色与象征符号！各种各样的颜色与象征符号能够让头脑地图更醒目，让人印象更深刻，从而也更容易被记住。

举一个例子！

头脑地图这个例子涵盖了"强力记忆"这个主题所有重要的方法与练习，请你自己多多运用"头脑地图"方法。

练 习

假设你可能要做关于音乐、运动、德语等的报告。你可以从中选择一个主题并制作一张头脑地图。记住，在制作时要使用不同的颜色与象征符号。

头脑地图方法有助于你学到什么

利用头脑地图你可以：

- 收集观点并安排它们的结构；

```
                    通往长期记忆之路

                                   成功记住学习材料

超短期记忆
  短期记忆                              多途径
    长期记忆
                                    学习单元与学习休息时间

  左脑                              正确的复习方式

    右脑                          没有压力与恐惧感


              强力记忆


    感官训练              位点记忆法

训练大脑的″健脑操″              编故事记忆法

  大脑食粮                    定桩记忆法

                              头脑地图方法
        强力记忆训练


                          记忆涡轮
```

62

● 筹划一篇文章或者一篇报告并对其进行分段；

● 制作一张"作弊条"（然后把它扔掉）；

● 做记录报告。

小结

· 掌握并运用各种记忆方法。利用这些方法，你
  能够在短时间之内记住很多信息。

· 最有效的记忆方法是位点记忆法、编故事记忆
  法与定桩记忆法。它们聪明地结合并使用了左
  右脑的能力，这其中主要利用了人类的图画想
  象能力。

· 利用头脑地图，你也能够同时记住很多信息并
  制作出绝妙的作弊条。

Chapter 4

强力记忆训练

- 人们可以训练自己的感官吗?
- 什么是"健脑操"?
- 营养与运动如何影响注意力?

人们通常通过各种感官来学习。你所看到、听到、尝到、闻到以及触摸到的一切东西都将被暂时保持在你的记忆中，然后这些信息会被检查是否应该保存在长期记忆中。相信通过前文的学习你已经知道如何把信息保存在长期记忆中了。

但是现在的情况是，有的人通过"看"获得的学习效果要比通过"听"获得的更好，而有些人的情况或许正相反。比如如果你是视觉型的（像大多数人一样），而你的老师"讲的"比"画的"要多的话，那么你在学习中就会有理解障碍。

你所看到的或听到的内容，通常你能记住多少或者记得又有多准确，主要取决于你的感官感受有多强烈以及你的左右脑合作得有多好。因此在本章节中你将会学到如何：

- 通过针对性的练习来提高你的听觉与视觉；

- 通过"健脑操"让你的记忆快速运转起来；

- 利用大脑食粮——大脑的智慧营养——取得真正优异的成绩。

训练你的感官

你能够改善或者更加有效地使用你的听力，如果：

- 你把单词、事实或者文章录在磁带上并反复听；

- 你与你的学习搭档把学习材料彼此讲给对方听；

- 听外语磁带或者电影。

此外你还可以通过以下练习针对性地训练你的听力。

选择性地听

听的时候，你试着从大量不同的声音中筛选出个别声音。这个练习不需要太多的准备工作，你可以随时在家或者在路上做这个练习。下面我们举两个例子：

- 试着在嘈杂的大街上听出某种声音并跟踪一段时间;

- 试着辨别出一段流行或者古典音乐中所使用的一些乐器。

记住听到的信息

在这个练习中重要的是,你要有意识地去听别人说出来的信息。比如把广播中的一段新闻录在磁带上,在录音的时候你要尽最大努力去听并记住广播员播报的新闻。

休息一会儿之后,你把你能够记住的全部内容写在一张纸条上,比如以头脑地图的形式,然后根据之前的录音来检查你的听写结果。

当然你可以借助广播新闻或者听力磁带就任何主题来做这个练习。

想象并倾听声音

你不仅可以想象画面还可以想象声音。为此,你需要找一个安静舒适、没有人打扰的地方,然后试着去倾听日常熟悉的或陌生的声音,当然也可以是整首交响曲。

辨认声音

通过辨认声音来提高你的听力。你可以自己编一个辨认声音的游戏。拿30个空的胶卷盒，并给每两个胶卷盒装上沙子、水、小石子、大米，等等。然后把盒子盖上并随意放在桌子上。现在摇摇这些胶卷盒，仔细辨认它们的声音并找出哪两个是一对。

你可以利用并提高你的视力，比如在学习时：

- 使用记忆方法；

- 使用头脑地图方法；

- 利用颜色、象征符号以及粗体字等强调方法；

- 素描、画画、画流程图。

你还可以通过以下训练方法有针对性地训练你的视觉。

通过三个步骤有意识地看

1. 观察各个物品：仔细观察一个物品，比如一个花瓶。然后闭上眼睛并试着回忆这个物品的形状、颜色、材料、图案等。然后把你的回忆与现实的花瓶进行对比。

2. 观察一个空间：比如仔细观察你的房间。现在试着回忆房间里所有的细节，然后检查你的回忆结果。

3. 从窗户外面往里面看：不像前面那样在房间里面看，而是从窗户外面往里面看。现在你好好想象一下，如果从厨房窗户往里面看的话你能够看到什么。然后检查你的想象结果。

玩游戏

在这个游戏中，在某个特定场合中的某些东西，比如10件物品会被改变，然后你要通过仔细观察找出哪些物品发生了变化。

健脑操

健脑操能够让你的记忆能力得到很大的提升。它其实就是一种神经体操,能够让你从感官上重新体验世界,它能够让你每天按部就班所做的日常行为及其过程发生小小的变化。因为平时大脑中安排负责这些日常行为的区域会停止活动,而重新使用其他的区域。这样,你的感官与记忆会变得更清醒、更灵活从而更有效。试试下面这些练习吧。

换一只手完成日常的事情

不管是刷牙、系鞋带还是端杯子,都试试用另外一只手来完成吧。

闭上眼睛

大多数情况下，人们都是用眼睛来辨认方向、寻找物体。因此你不妨试试闭上眼睛，比如在洗澡的时候闭上眼睛去拿香皂、浴巾或者香波，或者在你的裤兜里摸到你想要找的那把钥匙。你也可以在公交车、火车上或者地铁里闭上眼睛，试着凭借有各自特征的声音来辨认出车站的位置。

改变东西的位置

试着改变熟悉的事物，比如你的工作场所，你可以改变字纸篓的位置，把图画挂在写字桌上面或者把你房间里的闹钟倒过来放。当然你也可以改变餐桌的位置。

按照心情与兴趣来做饭并且在吃饭时不要忘记把耳朵塞上

每个家庭成员可以为自己的午饭挑选一样他想吃的菜。奇怪但是极其刺激味觉的菜肴组合我们已经事先准备好了：牛排与覆盆子酱。如果你在吃饭时塞上耳朵并安静地享受这不同寻常的饭菜的话，你的味觉与嗅觉会变得更灵敏。

改变路线

如果你改变上学、去超市或者去体育馆的路线的话，那么你总会发现新的事物。

制造怪异的家庭音乐

用家庭设备敲打出的家庭音乐听起来比较怪异并因此能够刺激你的听觉——尽管这样的一场摇滚音乐会听起来非常怪异。

锻炼"灰色细胞"的毅力
并加强其营养

除了各种有效的记忆方法或者针对性的训练之外，还有其他两种有效的途径能够提高你的记忆能力，就是：

- 体育运动；

- 健康的饮食（大脑食粮）。

精神毅力与身体毅力息息相关

医生经常说："要不就好好用它，要不就丢掉它。"医生的意思是说，如果你不锻炼你的肌肉或者心脏循环系统的话，那么你就会失去力气与毅力。结果就是，你很快就会感觉疲怠、乏力、无精打采，此外还更容易生病。身体缺乏毅力的话会很快表现出来，比如在学习时缺乏毅力以及无法集中注意力。因此你每周最少要锻炼8个小时。这样做的好处有：

- 注意力更集中；

- 更有动力；

- 学习压力变小；

- 思维转得更快；

- 更健康；

- 拥有好的心情。

在一个用英语教学的学校里，研究者给六年级的学生做了一个实验。他们每天给其中1/3的学生调配好的维生素与矿物质药剂，另外1/3的学生只有安慰剂，剩下1/3的学生什么也不给。一个学年之后，给这些学生进行标准的智力测试。结果显示，第一组学生的智力上升了10％，另外两组学生的智力只上升了2％。很明显，合理的饮食能够让你变得更聪明！但是什么是合理的饮食呢？

敌人：脂肪与甜食

脂肪与甜食应尽量少摄入，尤其是在学习时要避免摄入巧克力、可乐、油炸土豆片，等等。它们不仅会让你变胖，而且会降低你的身体舒适感并分散你的注意力。

朋友：蛋白质、维生素、矿物质以及碳水化合物

这4种营养物质是精神与身体能量的力量能源。它们主要存在于新鲜的水果、蔬菜以及全麦食物中。

学会集中注意力

[德] 比约恩·格默 ◎ 著

谢芳兰◎译

四川人民出版社

图书在版编目（CIP）数据

这样学习效率高 / (德) 迪尔克·康纳茨等著 ; 谢芳兰译 . -- 成都 : 四川人民出版社 , 2017.8
（儿童自我成长小百科）
ISBN 978-7-220-10044-4

Ⅰ . ①这… Ⅱ . ①迪… ②谢… Ⅲ . ①学习方法—研究 Ⅳ . ① G791

中国版本图书馆 CIP 数据核字（2017）第 040273 号

著作权合同登记号　图进字 : 21-2017-445

Published in its Original Edition with the title
Konzentration - fit in 30 Minuten
Author: Björn Gemmer
By GABAL Verlag GmbH
Copyright © GABAL Verlag GmbH, Offenbach
This edition arranged by Beijing ZonesBridge Culture and Media Co., Ltd.
Simplified Chinese edition copyright © 2017 by Beijing Reader's Cultural & Arts Co., Ltd.
All Rights Reserved.

儿童自我成长

之 快速学习法

通过阅读这本书，你能够掌握到如何快速集中自己的注意力。

- 每个章节围绕着 3 个中心问题展开，这些问题在每个章节中都会得到解答。

- 在每个章节结束的时候，会再次总结归纳一遍最重要的内容。

- 在本书结束的时候，我们为你提供了 9（加 1）个快速集中注意力的方法。

这本书结构清晰，你可以随时拿在手边，快速浏览你感兴趣的内容。

目录

开篇语

你经常心不在焉、无法专注于所做的事情吗？同样的事，你总需要非常多的时间来完成，你是否为此而感到苦恼？尽管你知道单词如何拼写、如何做加减运算，但是你还是因为粗心大意，课堂作业充满了计算以及书写错误？如果是这样的话，那么你就犯了很多知名人士曾犯过的错误。

注意力不集中是学生最常见的行为问题。现在，超过1/3的儿童都有注意力不集中的问题，而其中男孩的比例大于女孩。

你能做什么

调查显示，人们通常都意识到了注意力不集中这个问题的存在。青少年也知道他们缺乏专注力，在这一点上，老师应该帮助解决这个问题。但是对此我们自己又能够做些什么呢？

人们呼吁，老师应该把课堂组织得更有趣，但是如果孩子们的注意力又转移到其他更有趣的事情上又该怎么办呢？也许人们会建议喝巴赫花疗茶①并相信你自己。

我们并不是对巴赫花疗或者自我暗示有异议，但是这两种方法就是好的建议吗？实际上，关于注意力的话题对学生基本上没有起到帮助。如何解决你的专注问题取决于你自己。当然，父母与老师可以给予你必要的帮助。

专注力的三大支柱

如果你关注以下3个领域的话，你就能够获得或者维持良好的专注力：

- 精神与身体上的良好状态；

- 清醒的头脑；

- 安排你的工作。

---

① 20世纪早期，英国医生爱德华·巴赫用药用花来治疗疾病。——编者注

阅读完本书之后，你就会知道这三大支柱的确切作用是什么。这本针对青少年儿童的书能够帮助你解决注意力不集中的问题。

祝你阅读愉快！

比约恩·格默

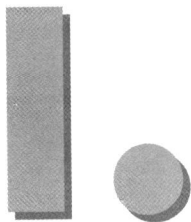

Chapter 1

你的专注水平如何

- 专注到底是什么意思?

- 什么是注意力缺陷综合征?

- 你的专注情况如何?

专注是生活幸福与成功的一个基本条件。如果你专注于学习，这样你不仅能够获得优异的成绩，而且会有更多的业余时间。

玩的时候就尽情地玩，不管你是在进行体育运动还是在玩网络游戏，你都能够获得更多的快乐。比如，当你在玩网络游戏的时候，如果你能忘记电脑屏幕周围的世界，完全沉浸于游戏之中，创造出新的纪录，你会很有成就感。

与别人聊天时，如果你能够聚精会神地参与讨论，也就是说，如果你善于倾听、理解别人所说的并激发讨论，别人会更乐意与你聊天，你也能够交到更多的朋友。

每个人都能够做到专注

　　如果你学会了激励自己去完成任务，为自己创造了舒适的学习环境，让自己能身心愉悦地投入任何事情中，这样你就做到专注了。而具体如何做到这些，本书将给你一一解答。

　　如果你有注意力缺陷综合征，那么仅仅依靠本书是不能够帮助你克服的。更多相关问题我们会在之后的内容中为你解答。

什么是专注

"专注"这个词汇起源于拉丁语"concentrare"，意思是集中于一点。在百科辞典与心理学书籍中，这个单词的翻译经常有各种变化。

"专注"的意思是：

- 把注意力集中在一件事情上；

- 不被任何事情干扰。

但是你怎样才能够做到专注呢？

你可以通过以下方法做到"专注"

- 兴趣。在派对上，即使声音很嘈杂，你也会有意识地倾听对方的话，因为你对此感兴趣。

- 为了能够把你的注意力集中到一件事情上，你的身心都要保持健康的状态。想想一个田径运动员，他马上要参加一场重要的比赛，为了保证比赛顺利，他必须完全控制自己的身体。

- 为了不被干扰，你必须保持头脑清醒。空中领航员在工作时不可以被干扰，否则会导致飞机坠毁。

- 为了克服缺乏动力的状态，你要有坚强的意志。你可以拿科学家做榜样。他们在实验失败的时候，不会丢下一切不管，而是从失败中吸取经验教训，为了在下一步实验中取得更多的成功。

- 为了把预期的任务付诸实施，你要有组织有计划。利用正确的方法与一个详细的规划，你能够成功地把你的思路引向正确的轨道，就像邮局的工作人员处理邮件一样，他们每天都要为成千上百万封邮件中的每一封找到最快、最安全的路线。

你的情况如何呢

你什么时候注意力集中呢？在什么情况下，你能够长久地只专注于一件事情？

为什么你能够专注于这件事呢？

注意力缺陷综合征

对上千个慕尼黑的学生做的调查显示，约6％的男孩与3％的女孩患有所谓的注意力缺陷综合征。这句话是什么意思呢？

注意力缺陷综合征的症状

你自己身上是否会出现这些症状，如果是的话，请在前面画叉。

- 我不能够集中注意力，哪怕只是很短的时间。

- 我经常打架，经常无法控制自己。

- 我的同学都怕我。

- 我没有好朋友。

- 我父母与老师所说的话，我都是左耳朵进右耳朵出。

- 很多人说，我说话语无伦次、不清不楚。

- 我经常睡不好觉。

- 我的情绪波动很大。有时我心情很好，突然又会暴跳如雷。

- 我是个冒失鬼，因此经常会伤到自己。

- 我父母说，我吃得太多太快了。

② 引发注意力缺陷综合征的原因

把刺激信号传到神经细胞的突触上，需要神经传递素，如血清素、多巴胺和去甲肾上腺素。而注意力缺陷综合征患者的神经传递素代谢功能失常，传递刺激所需的神经传递素的数量太少了。

人们能够帮什么忙呢

如果在你身上出现了很多注意力缺陷综合征症状的话，你应该把这些情况告诉你的父母，但是不要太担心！注意力缺陷综合征是可以治愈的，也有不少患者的症状在青春期会自动消失。

不管你是否患有注意力缺陷综合征，本书都能够帮助你提高你的专注水平。但如果你患有注意力缺陷综合征，不能只依靠本书来治疗。如果你的父母认为你患有注意力缺陷综合征，那就跟你的父母一起去找专家咨询。

注意力检测

通过以下的注意力检测，你会对自己的专注水平有一个大概的了解。请回答下面的问题，在要选择的答案前画叉。

新的任务会引起你的兴趣吗？

- 我能够很好地投入到新的挑战中。（1）

- 偶尔会这样，但是这种情况很少。（2）

- 我对什么都提不起兴趣。（3）

你是否感觉精力充沛、睡眠充足？

- 是的，我力气大得能拔起树来。（1）

- 有的时候感觉精力充沛。（2）

- 请让我安静地休息一会儿吧。（3）

你在想什么？

- 我一直专注于我手头上的事。（1）

- 偶尔会做做白日梦。（2）

- 你说什么？我觉得我无法控制我的思想，它想做什么就做什么。（3）

考试中，你是否会犯很多粗心大意的错误？

- 什么是粗心大意的错误？（1）

- 会有一些，一般是在刚开始与结束时。（2）

- 非常多，总是会犯这种错误。但是我知道正确的答案是什么。（3）

你的意志顽强吗？

- 这是前后一致性与纪律的问题。我做事总是有头有尾的。（1）

- 有时我会强迫自己，但是很少。(2)

- 我总是避开一切困难，采取最省力的途径。(3)

你的运动欲望有多强烈？

- 我比较喜欢安静，但是我并不懒散。(1)

- 我无法忍受长时间地坐着或者站着。(2)

- 我无法安安静静地坐上10秒钟。(3)

你的时间充足吗？

- 是的，因为我能够准确快速地完成要做的事。(1)

- 是的，如果我不用东奔西跑的话。(2)

- 我什么都干不成！(3)

你容易受到外界的干扰吗？

- 我一般都能够专注于手头上的事情。(1)

- 只有非常有趣的事情才能够干扰到我。(2)

- 任何声响与引人注目的东西都会干扰到我。(3)

你对自己的目标有大概的了解吗？

- 我总是很清楚我要做什么。（1）

- 有时我会忘记要做什么，或者无法及时完成。（2）

- 对我而言，事情太多了！（3）

经典的"∽"测试

下面这个测试没有分数。你可以随时用这个测试来检测你的专注水平是否有所提高。

你有两分钟的时间把字母d找出来，不可以借助辅助工具（比如手指）。两分钟之后，看到哪就在哪做个标记，然后记下你所看到的d的数量。

d b d d q d p p q d d b b d b d b b d d q d d p d b b p d

q p b q b b q d b b p b p q q d d d d q b b p b q p d p d

d q b b q d p d b b b d b b b d q p d b b b d b b b d d q

q p b b b d b d q p b d b d q q p b q q p d d b b b b b b

b d q q p p p d d d b d d q d p p q d d d b b q q d b d b b

d d q d b p d b b p b b b d q p b q b b q d b b b p q q d d d

19

d q b b p b b p q q b p d d q b b q d p d d d b b b d q p

b b b d d b b b d d d d q q b p p q b b p d b d q q p d q

q p d d b b b d d b b b b d q q p d p q d b d d d b d d q

d q p p q d d b b d b d b b d d q d b b p b b d q p b q b

b q d p d d q q p b b d b d q p b d b d q q p b q q p d d

b b b b b b b b d q b q p p p d d d b d d q d p p q d d b

b q q d b d b b p q d d q d b p d p p q d d b b d b d b b

d d q d d p d b b p d q p b q b b q d b b p b p q q d d d

p b b d d b b b b d q q p d p q d b d d d b d d q d q p p

q d d b b d b d b b d d q d b p d d q b b q d p d d b b d

b b b d q p d b b d d b b b d d q q p b b d b d q p d d d

d b d q q p b q q p d b p q b d b d q q p d q q p d d b b

b d d b b b b d q d b d b b d d q d b b p b b d q p b q b

20

评估测试

你得到了多少分?

9 到 13 分:

你总是能够完全专注于一件事情。本书将有助于你继续保持这种状态，祝你阅读愉快。

14 到 19 分:

你正在通往成功的路上。本书将有助于你继续提高你的专注水平。

很幸运，你阅读了本书。本书将有助于你提高你的专注水平，让你在学校取得更大的成功，更有成就感。

小结

"专注"也就是把注意力集中在一件事情上，不被外界干扰。身心愉悦、清醒的头脑与有组织有计划的工作行为能够让你做到专注。

但是这些方法也有局限性。如果你患有注意力缺陷综合征，你还需要使用其他的医疗方法。通过注意力测试，你会知道你自己的专注水平有多高。

Chapter 2

全速前进

- 如何通过兴趣来提高你的专注力?

- 运动与专注之间有什么关系?

- 营养与专注之间有什么关系,大脑食粮又是什么?

你是否知道，为什么有时候你什么事情也不想做？你觉得浑身没劲，只想躺在沙发上看电视，不愿动也不想着手要做的事情。

导致这种惰性的原因可能有以下3种：

● 缺乏动力；

● 运动量太小；

● 饮食不合理。

有动力的话就能够做到专注。在网球比赛中，想把胜利带回家的人，就会完全忘掉赛场周边的世界，全神贯注于网球与比赛对手。

索尔克生物研究所的大脑研究者特伦斯·谢伊诺奇的实验表明：经常进行锻炼、精力充沛的人的专注水平很高。他们的心脏循环系统能够安静而高效地运转，通向大脑的血液循环系统能够畅通无阻地给大脑输送足够的氧气。除了运动之外，营养也是精力充沛的一个重要因素。

本章节将讲述如何激发你的积极性、如何通过运动与合理的饮食来提高大脑的工作效率，并以此提高你的专注水平。

愉快地专注于一件事情

是什么导致你对工作不感兴趣呢？你是否觉得工作无聊或者压力太大？拿一张纸记下分散你注意力的元凶！如果你在阅读本章节时发现了分散你注意力的元凶的话，你将会找到成功克服它们的方法。

压力太大

很多学生看一眼家庭作业就失去了做家庭作业的兴趣，因为他们觉得课业太重了，无法完成。如果我让你计算波尔原子模型的电子轨道半径的话，估计你也会有这种感觉的。以下建议将有助于你摆脱这种压力太大的感觉。

像亨利·福特一样做事

亨利·福特，福特汽车公司的建立者。他是世界上第一位使用流水线大批量生产汽车的人。在流水线上，很多人做很多不同的工作，最后共同完成一个产品。也就是说，在成千上万道工序之后制造出了汽车这个高技术产品，独自一个人是无法完成这些工序的。把任务分解成多个容易操作的小步骤，使得任务变得更简单，你应该学会这种工作方法。

这种分解任务的方法如果用在教材上会是什么样子呢？这个问题我们会在最后一个章节中作出解答。如果利用这种方法，你也能够计算出波尔半径。

不要让别人使你信服，而是自己让自己信服

不要受悲观论者的闲话的影响！静心想想你的优点，不妨问问自己："我擅长什么？我在什么事情上成功过？"尝试把自己的才华运用到新的任务上。请鼓起勇气读读本书并把本书的建议付诸实践，你可以用这样的句子来鼓舞自己，比如：我完全能够把它做好！

📎 鼓舞自己的话：

📎 觉得无聊吗

另外一个分散注意力的"杀手"是无聊感。人们通常在压力小的时候会觉得无聊。如果要你去数数本书中出现了多少个"你"的话，你会感到非常厌烦。针对这种情况你可以参照下文所述方法。

📎 让任务变得更复杂

这样你就可以消除无聊感了。比如数数本书中出现了多少个"你"，你可以先大概地猜测一个数目并给自己设置一个时间限制，规定在多少时间之内完成。也许现在你会想就这么着吧！因为没有人会傻到让生命更艰难。但是这就是正确的方法，它能够消除你的无聊感，激发你的积极性。有没有想过这样一些小游戏：在混凝土地面上跑步时想办法不触到地面上的缝，或者在骑自行车遇到红灯时不刹车就让自行车停下来。你可以用这种方法让任务变得更复杂，与自己进行一场竞赛，这样任务会更有趣，而且你最终能够取得胜利。

觉得没有兴趣吗

另外一个分散注意力的"杀手"是没有兴趣。把任务布置得有趣并不是一件简单的事情，但是借助些小技巧还是能够做到的。试试解决下面这个问题吧：

用4条直线把右面9个点连接起来，一笔画完不可重复。（答案见后文。）

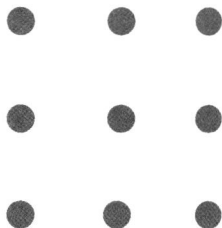

开始5分钟策略

如果你已经开始了任务，那么你会发现，信心会让你全力以赴去寻找答案。你的兴趣会越来越浓厚，因此你也能专注于所做的事情。如果你的兴趣在前5分钟之内没有增加，你会把任务搁在一边并一再延后完成的时间。

给你自己找个榜样

如果为自己树立一个榜样的话，你会更容易对某一个领域或者某一种休闲运动感兴趣。比如在20世纪80年代中期，鲍里斯·贝克尔与斯特芬·格拉芙掀起了一阵网球热。

也许在你的亲戚或者老师之中，有你想效仿的人，这对于激发你的动力是件非常好的事。

利用你身边的机会

你要知道，在你生活的国家，你可以利用所有的机会来获得成功。在中学、大学以及图书馆里，你可以免费使用全世界的知识。利用这些机会做出点成就来吧！

意志要坚定

如果你已经激励自己开始着手一件事情，那么还有另外一个因素帮助你踏上成功之路，这就是：坚定的意志！

很多名人已经验证了这点是多么重要：

披头士在成为最成功的乐队之前，曾在小酒吧与小俱乐部里演奏了好几年，手指都弹出了血。天才演员克劳斯·金斯基在年幼时连续不断地在镜子前排练，长达几个星期，直到筋疲力尽。阿尔伯特·爱因斯坦也不是随便就想到了相对论，而是常年全神贯注工作的结果。音乐家、经理人、长跑运动员乔伊·凯利说："如果人们想，为什么人们会放弃的话，那么实际上他已经放弃了。"

不要放弃！想也不要想！只有天赋是不够的，你还需要有足够的毅力去不断发掘你的天赋。

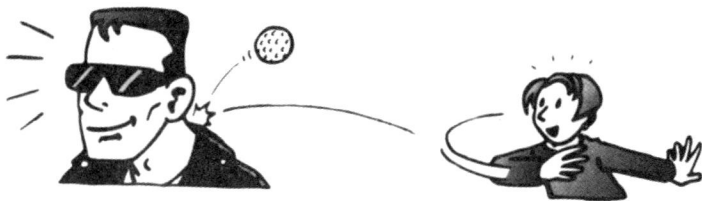

动起来

以前，寺庙里会专门建一些走廊，和尚要思考的时候就会去走廊，边做一些运动边思考问题。也就是说人们在几百年前就知道，运动对集中注意力有积极的作用。但这是为什么呢？

运动调节你的大脑平衡

大脑里的神经传递素起着传递神经细胞网状结构中的刺激与信息的作用。为了能够集中精力，你的各种神经传递素之间的比例必须保持平衡，也就是说各种物质间必须有一定的比例。

运动能够优化这种比例，因为在氧气过量的时候，身体产生的神经传递素会更多——也就是说在运动状态中，你的身体吸收的氧气多于你实际需要的氧气。运动形式有很多种，比如慢跑、滑冰或者长途自行车郊游等。

运动减压

压力是分散注意力的最大元凶之一。压力荷尔蒙能导致肾上腺素的分泌。但是通过运动，我们可以消除体内的这种荷尔蒙从而提高专注力。

通道畅通才有开阔的思路

脂肪喜欢在血管里淤积，从而阻碍氧气与营养输送到大脑里，导致大脑工作能力大大下降。运动可以使你的肌肉通过专门分解脂肪的酶消除脂肪，从而让你能够身心愉悦。

运动也有益于大脑的灵活性

也许你知道，你的左半脑会影响你的右半脑，反过来也是一样的。运动时，左右脑必须相互配合，因此运动能够促进左右脑的协调。这也有助于你的学习，左右脑相互合作得越好，你就能够越轻易地做到专注于学习。

参加团体比赛活动

团体比赛活动有非常多的好处：

- 团体比赛活动能带来乐趣！

- 你能够学会如何与别人和睦相处。

- 你能够学会掌控全局，对突然的变化做出快速反应。

- 你能够学会更好地评估自己。

- 你能够促进左右脑的协调。

- 你能够获得毅力与顽强的意志，因为在团体比赛中，就算你没有兴趣你也要参加训练，就算你已经体力不支了你也要把比赛进行到底。

- 你能够学会如何面对失败。

运动是一种提高专注力的训练方法

你喜欢看电视里的体育赛事转播节目吗？如果是的话，那么你一定会注意到，在比赛中职业运动员都会竭尽全力、全神贯注于比赛。发球前的网球选手、起跑前的田径运动员或者点球前的足球运动员——他们都处于一种注意力高度集中的状态。这种令人惊讶的专注力是在经过无数次的训练之后获得的。

你也试试"运动"这种提高专注力的训练方法吧，这对你的学习与生活都有益处。

为你的大脑注入营养

"大脑食粮"这个概念已经众所周知。"大脑食粮"的意思就是大脑所需的、能够改善我们注意力的物质，比如血清素、3-羟酪胺（多巴胺），当然还有乙酰胆碱与儿茶酚胺。但是我们应该吃些什么才能够给大脑提供这些物质呢？

维生素

维生素主要存在于新鲜的水果、沙拉与蔬菜之中。这些食物你应该尽量吃生的，因为煮或者烤都会导致食物中大部分的维生素流失。

矿物质

矿物质比如钙、镁、碘、铁与锌也主要存在于新鲜的沙拉与蔬菜之中。铁在这里需要特别注意，因为缺铁会导致专注力大大下降。我们可以多吃鱼或猪肉等家禽的肉来补充铁。

碳水化合物

碳水化合物是最重要的能源补充剂，主要存在于面条、米饭、土豆与全麦面包之中。

蛋白质

蛋白质是最重要的营养成分之一。你只有摄入了足够的蛋白质，才能够保证大脑达到最佳的工作状态。提供蛋白质的食物主要有荚果类，比如扁豆等，当然还有鱼与肉。

糖是神经食粮吗

你是不是也认为需要时不时地补充点甜的东西来镇定神经并提高专注力？如果你是这么认为的话，那么你也应该知道一点，这种做法的效果只是短暂的。当你补充了糖或者葡萄糖时，首先你的血糖水平会升高，然后在短时间内你会有种工作效率更高的感觉。如果你的血糖指数升高了，那么你体内的胰腺就会得到一个指令：制造胰岛素！胰岛素能够降低血糖。结果就是：你比之前更疲惫、更心不在焉，于是想摄入更多的糖。

果糖更健康

香蕉、橘子或者苹果中的果糖有镇定神经的作用。它不会导致你的血糖发生较大的波动，而是源源不断地给你的大脑提供能量。

喝水，喝水……

体内要保持充足的水分，这点非常重要。因此人一天要不断地补充尽可能多的水——即便是在工作的时候！苹果汁与矿泉水混合饮料是补充水分的最佳选择，因为矿泉水能够提供镁与钾等矿物质，而苹果汁能够提供维生素。

请远离以下物质

- 咖啡因，经常喝咖啡、茶与可乐的人，更容易发火、紧张，感到疲倦、无精打采以及心不在焉。

- 脂肪，脂肪含量过高的饮食会降低你的专注力。

大脑—力量—菜单

你的父母是否经常问你喜欢吃什么菜……在这里写下你的"大脑—力量—菜单"，比如早上吃全麦面包，中午吃沙拉与新鲜的水果。

建议

早餐

含有牛奶、酸奶、全麦面包、燕麦片、水果与鲜果汁的丰富早餐能够给你提供蛋白质、维生素、软磷脂以及重要的氨基酸，这会导致血清素升高——因此你的专注力也会随之提高！如果你早上还不饿的话，那就带上一块三明治、一杯酸奶、水果与生的蔬菜去上学。

小结

身心愉悦的三大支柱分别是动力、运动与营养。

你可以通过一些简单的技巧来消除压力太大或者没有压力以及没有兴趣这些分散注意力的元凶，通过顽强的意志来鼓舞你自己。

运动与合理的饮食能够让你的身体与精神变得更坚忍不拔，也能够让你长时间地保持专注。对此神经传递素也有一定的作用，在一定的情况下，身体能够制造出大量的神经传递素。

此外前面那道题的答案是：

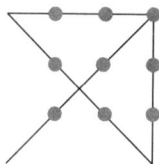

保持头脑清醒，
一切会进展得更好

- 你的工作环境与你的注意力之间有什么关系？

- 休息与放松如何帮助你更好地集中注意力？

- 你知道如何管理你的需求从而专注于工作吗？

　　猫绕着你的脚转来转去，街上的喧嚣声让你头昏脑涨，虎皮鹦鹉也让你烦躁不安，而此时你母亲站在你身后不停地问你："你为什么这么晚回来，为什么卢卡斯没跟你在一起，你到底去哪了？"你什么也不想听，因为你脑海里一直在想着与萨拉的争吵，而且你还急着去上厕所。你心烦意乱、脖颈痉挛、脑袋嗡嗡响。最糟糕的是，在一堆书、本子与CD下面你发现了一张字条：明天要交数学作业！

　　你也许经历过类似的恐怖场景，在这种情况下，尽管你必须集中思想，但是你一点明确的想法也没有。现在你可以把分散你注意力的最大元凶写下来，然后在接下来的章节中我们会告诉你能够帮助你克服它们的方法。

分散我注意力的最大元凶

合适的工作环境

你是否尝试过在火车站、公交站点或者在校车上写家庭作业？如果是的话，那么你对家庭作业的结果满意吗？你是否迫不得已要做课堂作业时才开始复习教材？这样做的结果又是什么呢？你的工作环境会影响你的注意力，因此一个布置合理的工作环境是全神贯注于工作的一个前提条件。试试在工作时使用下面的建议吧！

在固定的工作场所工作

如果你总是固定在一个地方工作，那么这个地方就是你工作的地方。时间久了，你也熟悉了这个工作环境；也就没有什么新奇的东西能够分散你的注意力了。

你的书桌应该放在哪

你的书桌应该对着墙来放。灯光从左边打下来（如果是左撇子的话就从右边打下了），这样的话光线更亮，你的注意力也不会被窗户外面发生的事情所分散。

用坐垫而不要摇凳子

自己或者别人不停地摇凳子的话，是否会分散你的注意力？有时摇凳子还会引起意外，因为大部分时候是重力获胜？如果是的话，那就在凳子上放一个坐垫或者坐在抗力球上！坐垫能够让你坐得直，抗力球会让你处于不断地运动之中。这更有益于你的脊柱健康与你的注意力。

避开外界的干扰

除了窗户外面的干扰之外，噪音也会分散你的注意力。因此要保证你的工作室有一扇可以关上的门。如果街上的噪音也让你头昏脑涨的话，那就把窗户也关上。

☝ 但是也要有充足的氧气

没有充足的氧气你马上就会感觉疲惫、无法集中注意力。因此工作时尽可能稍微打开点窗户。如果是在冬天或者刮大风的时候，那就在工作前让房间先透透气。

☝ 做一个 TO-DO-BOX

制作一个属于你自己的 To-Do-Box，它有助于你集中注意力。如果你自己的思想成了分散注意力的元凶的话，那你就应该把它们从你的脑海里清除出去，把它们写在纸条上并放在 To-Do-Box 里。这样它们就不能分散你的注意力了，而且也不会丢失。如果你把作业做完了，那么就可以开始关注你写在纸条上的这些事情了。

☝ 控制混乱

桌子上要保持整齐，这点之所以很重要的原因有两个：首先，你的注意力不能被烦人的寻找所打断；此外，你也不能被计算机游戏、手机或者杂志等东西分散注意力。这里所说的整齐并不是说你的房间看起来好像举行过一场清洁工比

46

赛似的，重要的是你要知道你的工作资料放哪里了，这样你就不会在需要资料的时候手足无措。

给自己制造一种舒适的氛围

舒适的工作环境是能够集中精力学习的一个前提条件。你自己如何感觉舒适就如何布置你的房间，你可以用画、植物以及令人愉快的颜色来装点。

任务

把这些建议付诸实践，好好布置下你的房间！如果要做比较大的修改的话，要先征求你父母的意见。

学会休息

内心的紧张经常导致你无法集中精力工作吗？面对课堂作业你紧张得发抖吗？如果是的话，那么接下来的几页内容对你以及那些经常感觉疲惫、很难提起精神的人会有所帮助。你将知道，如何有意义地休息、如何通过休息来提高你的注意力。

为什么休息会更好

从紧张、不安过渡到休养、放松这个阶段是由植物性神经系统来控制的。此外，植物性神经系统还负责自我调节内部器官。在放松阶段，你的器官消耗的能量非常少——你的身体各个器官在"小火"上运转。节省的能量你可以用在学习上，你的思维会变得更清晰，你能够更好地集中注意力。

准备工作

为了通过放松练习来获得新的能量，你必须先做一些准备工作。要找一个安静的环境并确保那里有足够多的新鲜空气。如果你觉得身体哪个部位不舒服或者觉得压抑的话，那就尽可能消除它们。穿着要舒适并在开始练习之前先上一趟厕所！

放松练习很傻吗

放松练习不仅只适用于吃荞麦糊与喝绿茶的人！即使在刚开始时你觉得这些练习很愚蠢，你觉得这一切都很可笑，你也应该参与练习，只有这样才会起作用，你的身体才能够真正放松。

睡觉是最好的放松方式

研究表明，我们的睡眠时间太少了——比100年前的祖先每晚平均少睡了2个小时。睡眠非常重要。成年人每天应该睡够8个小时，儿童——因年龄而异——要睡8到10个小时。此外，午睡能够给你增添新的能量！但是要注意午睡不能超过30分钟，否则你的睡眠节奏会陷入混乱。

呼吸练习

如果你需要刺激来专注于事情的话，那你就慢慢地吸一口气，然后快速呼出。如果你非常疲倦的话，你的身体会对此做出反应，你会打哈欠、缓慢吸气。如果你想平静下来的话，比如你在课堂作业之前或者正在做课堂作业的时候紧张、无法集中精力的话，那就快速吸气、缓慢呼气。按照下面的方法操作：

- 闭上眼睛。

- 用鼻子深深吸一口气，并默数：1、2、3。

- 当你数到4、5时，屏住呼吸。

- 用嘴巴慢慢呼出气体，并倒数4、3、2、1、0。

- 反复练习5到10遍。

鹤立

用这个练习方法你也能够提高专注力。

● 如图站立；

● 舌头顶着门牙；

● 眼睛固定在一点上；

● 均匀地吸气、呼气。

放松肌肉

长时间坐在书桌旁边容易引发痉挛，而放松肌肉的练习能够帮助你获得新的力量。首先放松背部，然后按照以下的描述逐步放松其他的肌肉。每个动作持续5到8秒钟，中间休息20秒钟再做下一组动作。

- 伸展开双腿，把小腿肚压在地上，绷紧双脚、张开脚趾；

- 收腹提臀；

- 握紧拳头并拉向肩膀；

- 抬头、收肩；

- 做鬼脸。

放箭吧

想象自己是一名弓箭手，左手握弓，右手拿着弦与箭。一口气把弓高高举起，拉紧，瞄准目标，吸一口气。在瞄准目标时，屏住呼吸，当你松开弦、放下弓时再呼气。反复练习3遍，不要间断，以此全神贯注瞄准一个新的目标。

管理需求

　　需求决定你的生活。不管你追求什么还是希望得到什么，这都是需求导致的。有些需求会鼓舞并帮助你全神贯注于工作。另外一些需求会加重你的负担并成为分散你注意力的元凶。保持清醒的头脑也就是要正确处理自己的需求。下面你会体验到，如何正确地处理你的需求。

为了能够更好地管理你的需求，先对需求进行分类。

基本需求

基本需求包括吃、喝、睡觉、运动，或者上厕所等，这些需求必须得到满足，否则会导致你无法专心地工作。

比如你正在写课堂作业，如果你有这些基本需求的话就立刻去解决！你为此牺牲的3分钟可以通过双倍集中精力来弥补。

渴望成功

谁得到的肯定少，谁就会感觉不舒服！你需要成功来获得自信，比如在班级、体育协会或者朋友圈子里获得一定的地位。

因此，对成功的渴望非常有助于你激励自己从而专注于工作。你自己好好想想你想获得什么，然后坚定不移地追求你的目标。

社会需求

社会需求是对友谊与爱情的渴望、对
父母以及知己的思念。与基本需求相比较，
你能够更好地管理这些需求。你要规划好
什么时候以及如何处理这些需求，而不让它们干扰你的工作。
以下这些建议以及第四章将帮助你处理这些需求。

 制定说话时间

不要每个朋友叫你，你都随叫随到。你要弄明白，什么
时候你只想工作，什么时候想与朋友约会或者聊天。那么在
你的工作时间就不会出现分散你注意力的电话、短信与拜访。

 3阶段计划

如果人际问题让你感到压抑并导致你无法专心工作，那
么就：

1．把它写下来放进你的 To-Do-Box 里面。

2．如果这样做还没用的话，就把它说出来。一般说出
来之后感觉会更好一些。

3．如果所有这些还是没用的话，那就先把这个问题解决掉，然后再开始着手工作。

安全需求

　　安全需求与社会需求一般很难区分。比如你的父母提供给你生活费，这就满足了你对安全的需求。对做课堂作业有把握，这种感觉也是一种安全需求。如果你因为考前没有好好复习而导致考试时心里不踏实的话，那么你也很难做到注意力集中。

克服分散注意力的元凶

在阅读本章节时，你是否又发现了一些分散你注意力的元凶呢？如果是的话，在这里你会找到一些紧急措施来克服它们。以下哪些措施你想立刻采取，就在相应的措施后面画叉！

措施　　　　　　　　　　　　　　O.K.

固定的工作环境 ◯

只有工作材料的工作环境 ◯

制作 To-Do-Box ◯

尝试放松练习 ◯

创造舒适的氛围	◯
充足的睡眠	◯
制定说话时间	◯
管理需求	◯

也许你还发现了其他一些分散注意力的元凶。想想你如何以及什么时候能够克服它们：

措施	到什么时候	O.K.
尝试放松练习		◯
创造舒适的氛围		◯
充足的睡眠		◯
制定说话时间		◯
管理需求		◯

小结

在通往获得清醒的头脑的路上，你必须经过3个阶段：

1. 减少分散你注意力的事物。要做到这点，你可以布置你的工作室，创造一个舒适的氛围。

2. 达到内心的平静。要做到这点，你可以进行放松练习，比如呼吸练习或者放松肌肉练习。

3. 不要让你的需求打乱你的思路，而是要在正确的时间处理各种不同的需求。

Chapter 4

掌控一切

- 一个好的规划如何帮助你完成任务?

- 如何克服压力并因此提高专注力?

- 全神贯注地工作是什么样子的呢?

在前三个章节中你已经获得一些有关注意力的知识了，现在你可以制订一个行动计划并最终成为注意力专家，告别混乱、充满压力、没有计划和目标的状态。如果你清楚地知道什么时候该做什么，那么你就能够在你支配的时间之内完成要解决的任务。如果你在合适的时间休息并合适地安排自己的时间的话，那么你就能够一直保持精力充沛、全神贯注于工作。如果你眼前有一个明确的目标以及实现这个目标的策略的话，那么你的专注水平会得到进一步的提高。

　　你的思想刚开小差？那就立即停止！阻止你的思想走上错误的道路，把它引回到你要解决的任务上来！这个练习进行得越频繁，你就会做得越来越好。你也可以设置一个闹钟，每隔15分钟响一次，这样它会把你从白日梦中拉回来。

掌握时间

你是否常常觉得，你要做的事情太多了？因此你会变得烦躁、陷入紧张状态，最终变得心不在焉，什么事情都没做成，但是时间却流逝了。其实事情不应该这样！你要学会合理地安排你的时间，对此，你先要对你的任务有个大概的了解，然后结合你的情况考虑下面的建议。

在正确的时间工作

如图所示，这是一天的工作效率曲线，它是根据大量的医学研究绘制而成的。按照这个曲线图来看，一天中上午8点到12点效率一直在提升。吃完中饭之后，我们的身体需要

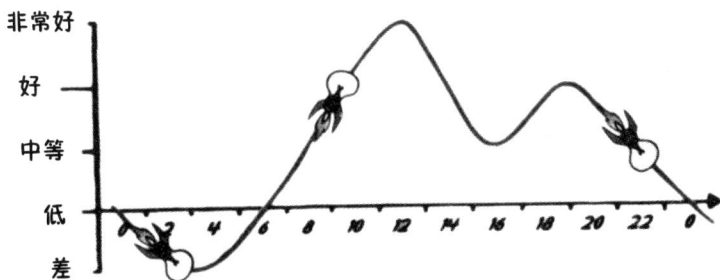

很多的能量来消化食物，因此我们无法集中精力工作。

在这个图中画出你自己的工作效率曲线。这样你就能够找出你自己的最佳学习时间并按照这个曲线来安排你的任务。

先做最容易的

运动之前必须要先热身！在开始全神贯注的学习之前也要先拿简单点的任务来热热身！如果刚开始的时候你能够很快地解决一个问题，你肯定会更有动力去解决后面的问题。

时间表要丰富多彩

按照专业、难易程度或者口头还是笔头来划分你的任务，然后把它们混在一起。这样你可以避免无聊与所谓的阿斯伯格抑制（Ranschburg inhibition）。阿斯伯格抑制会导致你混淆学习材料的问题。也就是说，你在学习完英语单词之后，最好再做数学题而不是学习法语单词。

给自己设置一个时间限制

帕金森定律表明，人们为一个任务计划了多少时间，那么他就需要这么多时间来完成这个任务。你应该为你的任务确定开始与结束的时间，用这种方式强迫自己集中注意力来完成任务。如果在时间压力下你无法集中精力做事的话，那就给自己的任务多计划点时间。如果你在规定的时间之内很早就完成了任务的话，这会鼓舞你全神贯注地继续工作。

休息获得新的能量

下面这个建议你应该会喜欢：休息。为了能够长时间地集中注意力，休息是必需的。

休息是有效的

在一个实验中，让两组学生分别做加法计算。第一组学生必须一口气把任务完成，中间没有休息时间；第二组学生每隔一段时间就休息一会儿。结果是，第二组学生更快地完成了任务，而且犯的错误也更少。

一个小时之内的专注

下面这个图表表示的是一个人在一个小时之内专注力的平均走向。图表显示，每隔25分钟人们就应该休息一下，否则专注水平会大大下降。

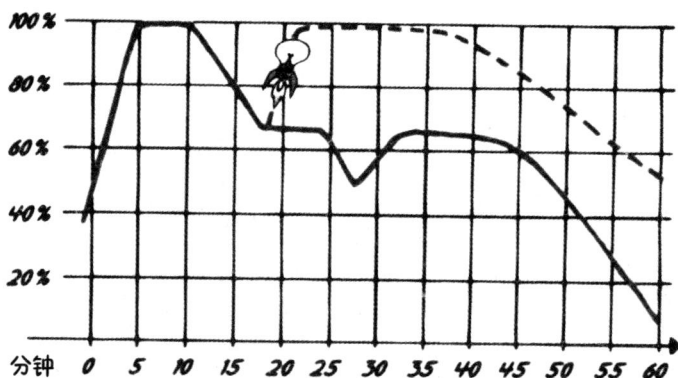

找到正确的休息节奏

一般来讲，一旦你集中了注意力，就能够保持这种状态继续工作。但是很快你会发现，你的注意力下降了，这个时候你就应该休息2到5分钟。具体隔多长时间休息一次，这取决于你的年龄：

- 8 到 9 岁的话，大约 20 分钟休息一次。

- 10 到 12 岁的话，大约 25 分钟休息一次。

- 12 岁以上的话，最少 30 分钟休息一次。

最迟一个半小时到两个小时之后就要休息 15 到 20 分钟。随着学习时间的增加，要相应地延长休息时间。

合理地安排休息时间

为了在休息之后能够重新获得能量来集中精力继续工作，你应该有效地安排你的休息时间。下面是一些建议：

- 出去呼吸新鲜空气！

- 喝点东西，最好是苹果汁或者矿泉水！

- 吃点小零食，要多摄入维生素与矿物质，不要摄入脂肪或者甜食！

- 做些放松练习，请参见第 3 章。

- 激励自己做点小小的运动或者伸展运动。

10步纲要

你经常不假思索、鲁莽行事吗？你因此经常犯错无法完成任务吗？如果你能按照下面这个10步纲要行动的话，就能够解决这些问题。

任务

为了快速熟悉这个10步纲要，请你先尝试去解决下面这个智力题：把10个硬币放在5条直线上，每条直线上放4个硬币！这个任务的解答步骤都在下文表述出来了。

1.认真倾听或者阅读!

人们经常出现理解错误或者完全无法理解问题的情况。因此如果是口头问题就要认真倾听,直到问题完全陈述完毕!

认真阅读笔头作业,最好阅读两遍!

问题只在一个句子里,找到它并仔细阅读!

2.慢慢地,非常慢!

不要马上就开始,慢慢来,不要着急!

3.问题是什么？

弄清楚要做的是什么。也就是要理解问题并用自己的话复述一遍。你真的理解了？没有？那就再想一遍！慢慢来，不要急！

怎样？什么？ 10，5，4？

我该做什么呢？

4.检查你的基础知识！

关于这个主题你了解多少？你是否阅读过相关的材料？如果阅读过的话，那么是什么时候在哪里看到的呢？或者你对黑板上的题目类型不那么熟悉？如果你掌握了相关的基础知识，那就好好地运用它们吧。

尽管这个问题不简单，你也不需要有相关的基础知识。

5. 制订小目标!

你通常无法一步就把问题解决掉。因此,你必须制订小的目标,它们会让你离最终目标越来越近。比如,如果你要准备一个报告,你的第一个目标可以是熟悉主题,也就是收集信息。第二个目标可以是组织报告的内容,然后再写下来,最后就是练习朗诵。

这是个一目了然的小智力题,你没必要制订一个个小的目标。

6. 还是慢慢地,非常慢!

现在你了解了你的任务,那么你掌握了相关的基础知识并制订了自己的目标了吗?如果是的话,还是不要急于开始解答问题,慢慢来!

⁉ 7. 正确的方法是什么？

想一想，你应该采取什么策略来达到你的目标。你必须要知道，这一步要做什么，下一步又要做什么。

我是要通过实验来解决这个问题吗？我是要用真的硬币呢还是把这些都画在纸上？我先画3条线然后再考虑剩下的，还是把所有5条线同时画完呢？

⁉ 8. 如果进行不下去的话……

如果你不能像想象中的那样成功地完成这个任务，你应该先想一想问题出在哪里。什么问题你不能马上解决？你在哪遇到问题了？你只有找到这些问题的答案，才能够继续完成未完成的任务。

问题很简单：要么会，要么就是不会！如果你无法继续的话，那就尝试用另外一种办法重新开始。

9.不要慌，保持镇静！

如果你不能马上达到你的小目标，你也不要心灰意冷。不要放弃！

你应该接受你之前的失败并继续解决问题。

尤其在这个问题上，你无法完成的概率非常大。但是仍然要保持镇静！

10.用批判的眼光观察你取得的结果！

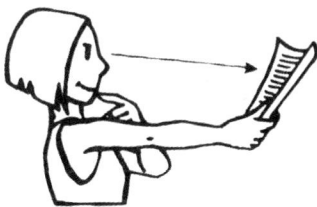

你对取得的结果是满意还是不满意呢？阅读完 10 步纲要之后，你应该把这 10 步纲要付诸实践。

问题很简单：把4个硬币并排放在一起，排成行，每行4个。但是这样得不到令人满意的结果，因为这不符合问题的问法。那怎样做，结果才会更好呢？

小结

为了能够集中精力工作，你必须合理地安排你的任务与计划。

1. 制订一个时间表，把你所有要做的事情与约会都写进去，这个计划表要丰富多彩并考虑到你每天的工作效率曲线。

2. 每隔15到20分钟要短暂地休息一会儿，每隔一个半小时要长时间地休息一会儿。放松练习与运动有助于你在休息的时候获得新的能量，从而专注于工作。

3. 你应该把10步纲要熟记于心并不断地使用它。使用的时候要注意的是，你要有意识地行动并坚定不移地追求你的目标。

智力题的答案是：

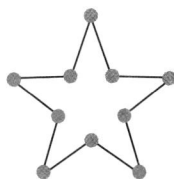

9（加1）个提高专注水平的
超强方法

1. 来吧！

动力与兴趣是能够集中注意力最重要的前提条件。在任务中寻找积极的方面来鼓舞自己。

2. 动起来！

体育运动不仅可以锻炼身体，还可以改善你的精神状态与注意力。在你每周的时间规划之中，至少要安排3个小时来做体育运动。

3.营养早餐！

饮食要合理！这样你才能够给大脑提供足够的营养以保证你集中精力工作。不要吃太多的甜食，以免血糖指数大幅度波动。

4.释放你的思想……

其他的自然而然也就会跟过来了！排除一切干扰！因此一个安静以及舒适的工作环境尤其重要。

5.放松！

放松练习非常有助于你达到内心的平静。呼吸练习与放松肌肉有助于提高你的专注水平。

6.满足！

为了能够专注于工作，你必须了解你的需求并在合适的时间满足这些需求，而不是压抑它们。

7.切莫依赖明天！

好好规划你的工作时间！对你要解决的任务有个大概的了解，把你的时间表制订得丰富多彩，与此同时要考虑到你一天的工作效率曲线。这样你才能够集中精力、更有效地工作，压力会更小，乐趣会更多。

8.待续……

为了长时间保持注意力，休息是必需的。你应该把你的休息安排得有意义，比如做些小小的放松训练或者满足一些你的基本需求。

9.给我指引道路！

谨记10步纲要。制作一个海报，把这10个建议与要求以及相关的图画进去，然后把它放在书桌上醒目的地方。

10.头脑游戏：做集中注意力的练习。

现在你了解了专注于工作的前提条件是什么。此外，通过针对性的练习，你还能够提高你的专注水平。

改变顺序

玩这个游戏你还需要一个搭档，比如你的一个朋友，因为一个人是无法玩这个游戏的。你的朋友在地上排放10个物体。当他重新排列这10个物体的时候，你要仔细观察然后转过头去。之后你再回过头并说出，哪些物体的排放位置改变了或者哪些物体被拿走了。

锯齿

在数邮票的锯齿的时候，不可以用手指或者其他的辅助工具来触摸，只可以用眼睛来看。

倒过来写字

从你喜欢的文章中摘选一个句子出来，尝试抄写这个句子，就像你在镜子中看到的那样。然后在镜子上检查你的抄写结果。

数歌词中的单词

放一首歌，你边听歌边数这首歌中有多少个单词。你可以通过改变歌曲的速度来改变这个练习的难度。

潜能开发总动员

学会自我激励
[德]赖因哈德·施普伦格
[德]克里斯蒂娜·索尔

认识自己的长处
[德]莫妮卡·孔茨
[德]哈迪·瓦格纳

发现你的创造力
[德]比约恩·格默

变身演讲高手
[德]克里斯蒂娜·索尔

定价：68.00元

提高成绩有诀窍

成为运算高手
[德]乌里·基斯林　[德]迪尔克·康纳茨

打造满分作文
[德]达尼埃拉·托伊雷尔

轻松完成家庭作业
[德]比约恩·格默
[德]克里斯蒂娜·康纳茨

搞定课堂测验
[德]迪尔克·康纳茨
[德]克里斯蒂娜·康纳茨

巧解应用题
[德]比约恩·格默

定价：88.00元

这样学习效率高

学会绘制头脑地图
[德]比约恩·格默
[德]克里斯蒂娜·索尔
[德]迪尔克·康纳茨

让你提高记忆力
[德]克里斯蒂娜·索尔
[德]迪尔克·康纳茨

学会集中注意力
[德]比约恩·格默

找到你的学习方法
[德]迪尔克·康纳茨
[德]克里斯蒂娜·索尔

定价：68.00元

管好自己最重要

学会管理时间
[德]洛塔尔·J.赛韦特
[德]迪尔克·康纳茨

学会实现目标
[德]迪尔克·康纳茨
[德]胡内特·施瓦茨

学会保持健康
[德]乌尔里希·施特龙茨
[德]迪尔克·康纳茨

学会利用网络
[德]塞巴斯蒂安·索尔

定价：68.00元

心理健康会解压

学会放松
[德]迪尔克·康纳茨
[德]克里斯蒂娜·索尔

让你增强自信心
[德]芭芭拉·希普

学会战胜压力
[德]芭芭拉·希普

学会正确处理冲突
[德]比约恩·格默
[德]克里斯蒂娜·索尔

定价：68.00元

自信社交我最棒

成为说服他人的专家
[德]克里斯蒂娜·索尔
[德]迪尔克·康纳茨

学会与异性正确交往
[德]迪尔克·康纳茨
[德]迪尔克·杰勒曼

拥有完美举止
[德]苏珊娜·舒伯特

快速提高口头表达能力
[德]比约恩·格默　[德]迪尔克·康纳茨

学会与人相处
[德]莫妮卡·孔茨　[德]哈迪·瓦格纳

定价：88.00元

找到你的学习方法

[德] 迪尔克·康纳茨　　克里斯蒂娜·索尔◎著

谢芳兰◎译

四川人民出版社

图书在版编目（CIP）数据

这样学习效率高 / (德) 迪尔克·康纳茨等著 ; 谢芳兰译 . -- 成都 : 四川人民出版社，2017.8
（儿童自我成长小百科）
ISBN 978-7-220-10044-4

Ⅰ.①这… Ⅱ.①迪… ②谢… Ⅲ.①学习方法—研究 Ⅳ.① G791

中国版本图书馆 CIP 数据核字（2017）第 040273 号

著作权合同登记号　图进字：21-2017-445

Published in its Original Edition with the title
Lernspaß - fit in 30 Minuten
Author: Christiane Sauer, Dirk Konnertz
By GABAL Verlag GmbH
Copyright © GABAL Verlag GmbH, Offenbach
This edition arranged by Beijing ZonesBridge Culture and Media Co., Ltd.
Simplified Chinese edition copyright © 2017 by Beijing Reader's Cultural & Arts Co., Ltd.
All Rights Reserved.

儿童自我成长

之 快速学习法

通过阅读这本书，你能够掌握如何快速提高自己的学习能力。

- 每个章节围绕着3个中心问题展开，这些问题在每个章节中都会得到解答。

- 在每个章节结束的时候，会再次总结归纳一遍最重要的内容。

- 在本书结束的时候，我们为你提供了7（加1）个快速提高学习能力的方法。

这本书结构清晰，你可以随时拿在手边，快速浏览你感兴趣的内容。

目录

开篇语

当学生不知道如何学习时，那他们在学校里就会产生挫败感与沮丧感。只有知道如何正确地学习，学生们在学习时才会有动力与乐趣。如果你发现了自己在学习方面的成功策略，那么这不仅会为你节省时间，还会令你的学习更有效率、更成功。随着成功的经历越来越多，你就能够更好地处理压力、恐惧与失落。"走在正确的道路上"这一良好感觉也会有助于你处理消极因素。

如何才能够掌握正确的学习方法呢？我们将帮助你回答以下几个重要的问题：

● 我怎样才能够更好地理解并记住教材？

● 我怎样才能够从文章中筛选出重要的信息？

- 我怎样才能够长时间地集中精力？

- 我应该在什么时间学习？在哪里学习？

- 我怎样才能够完成我计划要做的事情？

- 对于没兴趣这种消极的状态，我能够做什么？

通过阅读，你能够摒弃那些导致你的学习效率低下的习惯，学会正确的学习方法。我们会向你介绍一系列简单而实用的方法与技巧，让你能够轻易理解并贯彻实施。

结构

在第一章中，我们会向你讲解大脑与记忆的工作原理。通过一个测试，你会知道你属于哪种学习类型以及针对你这种学习类型，哪种学习策略最适合你。

在第二章中，我们会向你介绍写文章、归纳思想、划分段落以及复习的学习技巧。

在第三章中，你将学会如何更专注、更省时地学习。除了大脑的热身练习之外，第三章还涉及到如何布置你的学习场所以及灵活有效地安排你的学习时间。

在第四章中，我们将让你意识到制订你的学习目标是多么的重要。因为只有当你知道了你的目标是什么，你才会有学习的兴趣。

祝你成功！

迪尔克·康纳茨

克里斯蒂娜·索尔

Chapter 1.

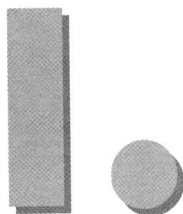

如何正确地学习

- 你自己的学习计算机是如何运转的?

- 学习材料如何进入你的大脑?

- 如何才能够更好、更长时间地记住你的学习材料?

人们通过5种感官来感受周围的环境，也就是：

● 看（视觉）；

● 听（听觉）；

● 触摸（触觉）；

● 尝（味觉）；

● 闻（嗅觉）。

学习时，你也要动用你的感官。年龄较小的学生主要是通过触摸也就是触觉来学习。5年级开始主要是通过视觉与听觉。这种转变很重要，它能够让你处理抽象的学习内容，看懂表格、示意图与图画，能够让你快速掌握一件事情或者一个话题的概要，并理解老师与同学所说的话。科研人员和教育家都一致认为：如果你能够尽可能多地运用你的感官来学习，那么你的学习会更成功。因此，成功的秘诀也就在于，通过尽可能多的途径（看、读、听、触摸、写等）把学习材料牢牢地记在脑海里。

　　现在我们想告诉你的是，如何正确地学习。在正确的学习过程中，你将会感受到什么是成功，并体验到无穷的乐趣。

大脑里的计算机

之所以动用所有的感官来学习能够成功，原因在于你已经掌握并运用了自己的"学习计算机"——也就是你的大脑与记忆的工作原理。

硬件：左脑与右脑

我们的大脑由两部分组成，每一部分都是某些能力、感觉与活动的控制中枢。下图分别列出了左脑和右脑的功能。

从图中不难看出，我们的左脑主要负责学校里的主修科目。但是如果你在学习时左右脑都动用的话，也就是说全力以赴地学习，那么你的学习节奏会更快、更紧凑。

左脑
逻辑思维
制定规则
分析
避免错误
听与说
写
阅读
计算
规划与整理

右脑
通观全局
本能与好奇
感觉与做梦
游戏性地学习
想象画面
唱歌跳舞
画画
想象
尝与闻

建议

我们来举个例子，你默写单词，轻声或大声地读，甚至还听磁带，虽然你这么做已经是通过很多种途径来学习了，但是你还是没有做到全力以赴。

你有没有想过还可以用所学的单词来造句，为每个单词画一幅画。比如学习单词"table"时，你可以先在脑海里想象一张桌子，然后画一张桌子并在上面写上"table"，并做相应的动作，比如你可以敲敲一张桌子，也可以给你的句子配上旋律等。这样做的话，你就是在调动整个大脑来学习。而且这样做的话，你也能够更容易记住一些爱听的歌的歌词，因为歌词总是与节奏、旋律（右半脑）联系在一起。

通过尽可能多的途径去学习，你就能够更好、更长时间地记住所学科目的知识。而这也符合记忆的有关工作原理。

存储器：你的记忆

一条信息在被储存在长期记忆之前，它必须越过两大障碍——超短期记忆与短期记忆。

超短期记忆无法接受超过6~8条彼此不相关的信息。信息被你的大脑接收后，以弱电流的形式运动约20秒钟。然后，你的大脑决定你是否要忘记一条信息，也就是说让它脱离你的超短期记忆，或者决定是否让它进入短期记忆。

在短期记忆中，信息能够被储存大约20分钟之久。在此期间，信息发生物质变化，然后它们进入长期记忆并被永久保存。每个被长久保存的记忆都会在你的大脑里留下清晰的印迹，有句话叫"这个我铭记于心了"，就很形象地表达了这个意思。

你属于哪种学习类型

下面有一个有关学习类型的小测试，通过这个测试你会发现，为了取得最佳学习效果，你应该选择哪种学习方法。这个测试同时也能够测出你看、读、听与触摸的能力。这个测试并不是要测试你的智力，而是要测试你在学习时的个人爱好。你需要一个搭档来进行这个测试。当然，你找的这个搭档最好也很想知道自己是属于哪种学习类型。

测试准备工作

首先，你们分别给自己找10件用来看的物品（比如一只鞋子，一把剪刀，一张CD等），最好把它们藏在一个盒子里，不要让对方看到。另外，再拿10张A4大小的纸张，在每张纸上面清楚地写出一个用来读的名词（比如桌子，汽车，球等）。然后，在一张纸条上写出10个用来听的名词（比如报纸，天使，花园等）。现在还需要10个用来触摸的物品（比如领带，硬币，面条等），当然你们也要把这些物品藏在一个盒子里。需要注意的是，闭着眼睛，通过触摸能够轻易辨认出这些物品。现在你们开始给彼此测试一下吧！

看

测试者把每件物品从盒子里拿出来高高举起来并持续2秒钟，然后再把它放回去。当10件物品都展示完毕之后，测试者给被测试者30秒钟的时间做一些简单的计算题来分散被测试者的注意力。然后，让被测试者把他所能记住的、之前看过的所有物品都写下来。最后校对测试结果。

读

在第二轮测试中，测试者把写有名词的10张纸依次高高举起并持续2秒钟。接下来的过程与测试"看"的过程一样。

听

在这个测试中，测试者将字条上写的另外10个名词朗读给被测试者，接下来的过程与前两轮测试一样。

触摸

把被测试者的眼睛蒙上，然后把物品一一递给他，让他触摸。如果他摸出来了是什么物品就点头示意。

在这四轮测试中，重要的是，每个名词与物品都不可以重复。还有一点就是，被测试者绝对不可以把看到、读到、听到或者触摸到的物品大声说出来，因为这会涉及另外一种学习途径。

评估

现在把你和你的搭档所记住的名词和物品的个数写在这里：

	我	我的搭档
看		
读		
听		
触摸		

　　一项有趣的统计已经告诉我们，人们通过各种不同的学习途径平均能够记住的信息量。从这项统计中可以很明显地看出，在学习时同时使用多种途径总是会更有效。

我们能记住：

0%   50%   100%

我们所阅读的 10%。

我们所听到的 20%。

我们所看到的 30%。

我们所说的 70%。

我们自己所做的 90%。

17

针对各种学习类型的学习策略

通过学习类型测试你已经知道了，对你而言哪种学习途径最有效。接下来我们将给你介绍一些策略和方法，让你更好地运用你擅长的学习途径。这些策略和方法不仅能够帮助你有目的地运用你最擅长的学习途径，还能够帮助你改善和提高你不擅长的那部分。

针对擅长看的类型的学习策略

- 素描、画画，画流程图等。

- 用各种颜色来区分重要的词汇与内容。

- 使用头脑地图技巧（参见后文）。

- 把复杂的学习材料画下来。

- 找与学习材料有关的电影、幻灯片以及图片。

- 对你的学习材料要有个大概的了解。

- 把学习材料放在眼前。

针对擅长听的类型的学习策略

- 把学习材料，比如单词、诗歌、文章等录在磁带上，然后反复听。

- 大声朗读，在学习的时候大声读出来。

- 与朋友一起学习。给彼此讲解学习材料、彼此提问。

- 尝试一下边学习边听轻音乐。

- 买一些与学习材料有关的听力磁带。

针对擅长阅读的类型的学习策略

- 把关键词记下来，比如写在索引卡片上。

- 尝试把复杂的句子简单化。

- 总结最重要内容。

- 把文章中的主要内容用下画线或者颜色标出来，要特别突出标题。

● 把标记的文章或者总结用简单、易懂的字输进电脑里。

针对擅长感知的类型的学习策略

● 把东西拿在手上，比如在做实验的时候。

● 在背诵的时候配合一些肢体语言（手势、脸部表情、声音）。

● 给自己买一些学习玩具或者自己动手制作。

● 营造舒适的学习环境。

● 把你的学习材料以报告的形式讲给别人听，或表演、展示给别人看。

如果你尽可能使用多种学习途径的话，那么学习效率会尤其高。所以不妨尝试下各种学习途径，直到你找到能够带给你快乐的成功策略为止。

除了这些策略之外，本系列其他书目还有一些有意义的练习也能够提高你的学习效率。通过这些练习你能够有针对性地运用并提高你的记忆力。

小结

- 正确地学习就是在学习时尽可能多地运用感官，也就是说在学习时尽量使用多种学习途径，这样你能够更容易地吸收知识并更好地记住它们。

- 通过学习类型测试你会发现，哪种学习途径（看，读，听与触摸）更适合你。通过哪种途径，你的大脑能够把信息处理得最好，以后你也应该有针对性地加强使用这些能力。

- 在下一个章节中，我们将向你展示一系列极其有效的学习策略。这些策略在给你带来乐趣的同时也会给你带来成功。

让大脑变得聪明的学习策略

- 如何激活、使用这些学习途径？

- 为什么要多次复习所学习的东西？

- 如何阅读会更有效？

你是否经常感觉学习吃力、令人沮丧，无法记住学过的东西？或者你记住了、但是很快又把所有的都忘记了？你之所以会出现这些状况，是因为没有设计好学习策略或选择的学习策略是错误的。为了让你自己的"学习计算机"——你的大脑与记忆——能够更有效地工作，你需要有合适的"软件"装备。

这些"软件"就是前面所说的学习策略，你要利用它们来处理并记住所学内容。因此在本章中，我们将详细讲解这些学习策略，让你能够利用这些学习策略提高你的学习能力。

世界上并不是只有一种成功的学习策略，每个人都有适合自己的"软件"。现在，你的任务就是，从我们提供的学习策略中找到适合你自己的策略。

建 议

如果你想知道如何才能够提高你"学习计算机"里面处理器的运转速度的话，那么请参阅我们这一系列中有关记忆力的那本书。

设法掌握文章的概要

有效的学习的基本前提条件之一是阅读。这句话听起来似乎很简单，但是其实并非如此！每篇文章——不管是报纸、网络还是教科书上的——都包含有很多信息。为了从这些数量庞大的信息中筛选出有用的信息，你在阅读时必须能够区分重要的与不重要的信息。为此你应该仔细阅读文章并做出系统的标记，然后把标记出的信息用简短的句子总结出来并记下来，比如写在索引卡片上。用同样的方法，你可以为每门课目与课题制作你自己的学习与信息卡。方法如下：

第一步：掌握文章的主旨

集中精力仔细阅读文章，这样你才能够掌握所有的信息。因为每次重新阅读都是对时间的耗费，很快你就会对文章的内容失去兴趣。

阅读的时候，你要留意大标题与小标题。因为一般这些标题都会涉及段落的中心内容，因此也涉及文章的主题。

文章中开篇前几句话尤其重要。大部分情况下，它们隐含了整篇内容的概要。有时你还能通过它们预知文章将会如何进行段落划分。

此外，段落中的内容经常是围绕着此段落中的前几句话来展开的。当然，段落或者文章最后几句话也有可能传达重要的信息。这种情况一般是对文章主要内容的再次总结。如果是一篇论文的话，一般你能够在文章的结尾处找到作者的观点或者结论。而用粗体字、斜体字或者用彩色标记的文字肯定是重要的内容。

如果在阅读前你有明确的目标的话，比如搜寻概念、数字等，那么你会极其快速而有效地阅读完一篇文章。当然在阅读前，你也可以事前想一些问题，然后带着问题有目的地阅读文章、寻找答案。

第二步：标记关键词

你可以事先准备好一把直尺，一支铅笔和一支红笔来做标记。在进行第二遍阅读的时候，首先用铅笔把重要的地方标出来，如果标记了太多的话，事后你可以用橡皮擦擦掉。然后你再仔细看一遍你标记的内容，并想想，你还要着重标记哪些关键词。

关键词所起的作用就像通往记忆的钥匙。以后如果你只看文章中做了标记的地方或者几个关键词，你就能够想起其他的内容了。

此外，你还应该用红笔把重要的附加信息标出来。要注意，不要因为做了太多标记反而丢掉了文章的中心思想。

第三步：按照意义划分段落

按照内容给文章划分段落，这样越过标记的关键词你也能够推断出其他重要信息。

在划分段落之前要想想，文章中的哪些段落可以按照内容划分在一起。

现在把划分在一起的段落的主要内容分别用一句话或者一个标题总结出来。这样的话你能够对文章的内容结构有一个很好的了解。

如果你还想掌握文章的逻辑分段，也就是作者的思路与论证路线（这点在政治观点与评论中尤其有意义），那就从别的角度来划分文章，比如按照论点、问题、论据、例子、原因、结果，等等。对于很多结构不明的文章，你也可以按照这种方法来划分它们的段落。

第四步：保存重要的信息

现在重要的是，你要确保你从文章中筛选出来的信息符合以下两点要求：一方面你能够理解它们，另一方面以后你能够用上它们。对此，我们给你介绍以下几种方法：

1. 把信息写在索引卡片上：把做了标记的关键词或者段落标题分别写在索引卡片的正面，在卡片的背面对它们进行简单的解释。

2. 画一个流程图：借助于关键词或者段落标题，你可以用一个流程图把一篇文章的段落划分或者思路描绘出来。当然，在这里你也应该简单讲解下文章中的细节内容。用不同的颜色把主要信息与次要信息区分开来，这种做法很有意义。

3. 绘制一张头脑地图：借助头脑地图，你可以很好地描述清楚各条信息之间的关系。对此，请参阅后文的内容。这种方法尤其适用于"擅长看的类型"与"擅长阅读的类型"。

绘制头脑地图

绘制头脑地图是一种重要的想象技巧，利用这种技巧你不仅可以掌握一篇文章的主旨，还可以掌握一个问题的细节。通过头脑地图你还可以：

- 收集观点并组织它们之间的结构；

- 筹划一篇文章或者一篇报告并对其进行段落划分；

- 设计一张"作弊条"（请参见后文）；

- 为考试做准备。

在绘制头脑地图时你应该注意以下规则：

使用白纸！

有线条或者格子的纸会限制你思想的自由发挥，相反，白纸能够加快你寻找思路的进程。写的时候把纸横放，因为头脑地图更喜欢朝着左右展开而不是朝上与下发展。

把主题写在纸张的中间！

把你要探讨的主题写在纸张的中间，并围绕着它画一个圆圈、一片云或者一个椭圆。通过这种方式能够让你把注意力集中在这个主题上。此外把主题写在纸张的中间的话，能够让你的思想有足够大的空间朝着各个方向延伸。如果你把这个主题当作画画似的画在纸张的中间，这样会更好，因为这会激发你的想象力。

给每个重点画一根树枝！

现在，关于你选择的主题你想到了哪些重要的东西。从纸的中间开始为你想到的每个重点画一根树枝。这些树枝相当于你要探讨的主题的章节标题。

再把其他的细节作为分枝添加进去！

把各个重点下延续出来的内容作为小树枝画在每个重点的树枝上。当然，你还可以增加枝丫来继续划分这些内容。

为你的头脑地图标上关键词！

树枝用大写字母标记，小树枝与枝丫用小写字母标记，这样分段就会变得更清晰。请使用粗体字，因为它们更容易辨认。要注意的是，树枝、小树枝与枝丫上只标注关键词，而不是整个句子。

使用颜色与象征符号！

如果你给头脑地图涂上颜色的话，它们会更形象从而也更容易记住。当然，图画与象征符号也会让头脑地图更形象。

绘制头脑地图是一种用来收集思想并对它们进行分类的极其抽象的方法。每一张头脑地图都无止境，你永远也画不完，你可以随时往各个方向对它进行补充。因此它比传统的"线条列举"更具有优势。

头脑地图可以让你在学习时轻松记住学习材料的主要内容。头脑地图这种方法结合了左右脑的能力，这样以后你可以更容易地处理你的学习材料，也能够更快、更有效地把它们保存在你的记忆中。下一页我们以互联网为例子画了一张头脑地图。

建议

作弊条

绘制头脑地图尤其适用于准备课堂作业。制作一张"作弊条"作为头脑地图，把所有的重要信息用关键词写在上面。因为你对考题已经有了一个明确的概念，因此你就为一次成功的课堂作业打好了基础。在做作业的时候你就不再需要作弊条了，因为一切都很好地保存在你的记忆里了。

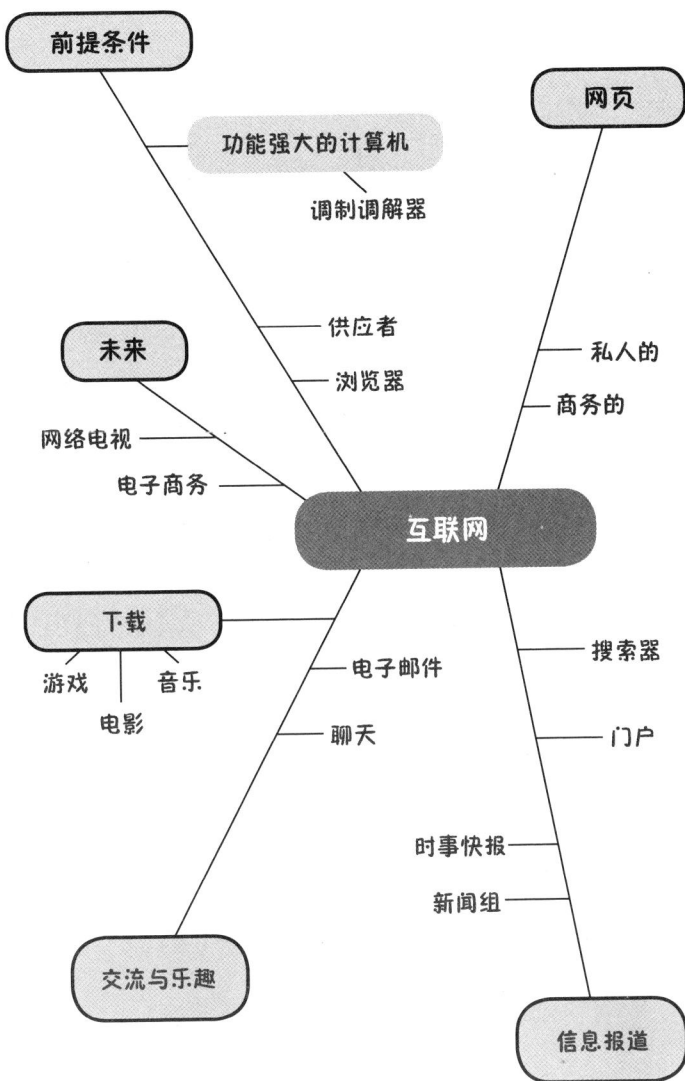

主题为"互联网"的报告的头脑地图

前提条件

网页

功能强大的计算机

调制调解器

供应者

未来

浏览器

网络电视

私人的

电子商务

商务的

互联网

下载

搜索器

游戏 音乐

电子邮件

电影

门户

聊天

时事快报

新闻组

交流与乐趣

信息报道

用学习索引来学习

人们必须具备"事实性知识",即那些事实、数据知识,是很具体化的。但是很多学生觉得事实性知识很难,因为经常记不住字母、数字、公式,等等。为了记住这些知识并能够随时快速地把学习材料从记忆中提取出来,正确的复习很重要。为此我们推荐你建立索引卡系统来进行复习。

制作学习索引

如果你要制作一个学习索引,请注意以下几点:

- 索引卡的大小至少要有 A7 纸张那么大。

- 尤其是在制作单词与公式索引时应该使用空白的卡片。

- 为了把卡片箱分成多层，需要使用足够多的隔离片。

- 在制作单词索引时，按照学习单词的日期、星期、月份来划分，在制作其他的学习索引时按照主题来划分。

- 应该使用不同的颜色来写标题。这样的话会更有效率，比如你能够更好地区分语法规则与数学公式。

- 想一个有意义的标记。在制作单词索引时，你可以在卡片的正面用外语写上这个单词，然后在卡片的背面配上它的中文翻译或者一幅画、一个清晰的素描、一个例句等。

学习索引有很多好处

利用学习索引你能够对你的单词库、重要的数据、公式、语法规则等有一个大概的了解。

在标记索引卡片的时候你就已经使用了不同的学习途径：除了写与阅读，你还能够把这些学习内容大声地说出来（说与听）并通过图画与象征符号让它们形象化。

你能够更好地记住利用索引卡片学到的信息，因为你是在脱离书的页码与章节的背景下记得这些信息。

此外，利用学习索引来学习还能够激发你的积极性，因为放在你眼前的信息总是你已经了解了的。

学习索引有很多用途：可以用来学习与复习，也可以当作查阅工具或者字典来用，还可以用来准备课堂作业。当然，它还有很多其他的好处，这些你自己很快就会发现。

你自己的学习索引系统

接下来，我们想告诉你的是利用学习索引来学习或复习已经学习过的内容的频率。

下面这个例子主要适用于单词学习。我们这里设置的学习节奏只是一个例子，它并不是一成不变的。经过反复的试验，你应该会发现这种节奏是否适用于你，或者是否有更适合你的学习节奏。

把刚刚学习过了的卡片放在第一层。（要注意，每一次学习的信息都不要超过6~8条，这样学习才合理。在第一次学习的时候要使用尽可能多的学习途径！）

然后你在晚上复习刚刚学习过的内容。把你已经了解的

内容放在第二层。其他的就让它们继续待在第一层，然后第二天重新学习一遍。

一天之后再复习第二层的内容。一个星期之后复习第三层的内容。一个月之后复习第四层的内容。

这样，一个月之后，学习过的与成功记住的单词、事实、规则等就移到了第五层。在这层里的内容你可以在之后再看一遍，比如6个月之后。

你在复习的过程中不熟悉的单词、事实、规则必须再重新学习一遍——也就是说要把它们重新放回第一层。

- 有效的阅读与正确地处理文章是学习成功的基础。为了筛选出文章中重要的信息，要系统性地对文章进行处理（阅读、做标记、分段、总结）。

- 利用头脑地图你不仅可以构造一个主题，收集思想并对它们进行分类，你还可以制作非常有效的"作弊条"。

- 索引卡方法尤其适用于对信息进行调研、归档并正确地复习学习材料。

Chapter 3

专心做事

- 如何战胜分散你注意力的元凶？
- 什么是健脑操？
- 你知道沃尔特·迪士尼的工作场所策略吗？

分散你的注意力的元凶有两种：外部元凶与内部元凶。

- 分散注意力的外部元凶有：外面的噪音、响个不停的电话、房间里的杂音、音乐、电视机，等等。一般你能够轻易地克服这种分散注意力的外部元凶。

- 相反，要克服分散注意力的内部元凶就比较困难。比如缺乏学习的动力、开小差、爱情的苦闷、敏感、恐惧、持续的疲惫，等等。

为了能够发现分散你注意力的元凶并最终克服它们，你首先要知道干扰你注意力的都是什么，这点很重要。对此你可以采取以下方法来找到分散你注意力的元凶：拿两张纸，一张是为分散注意力的外部元凶准备的，另外一张是为分散注意力的内部元凶准备的。把每张纸分为两部分。在每张纸的左边写下分散你注意力的元凶，然后在右边写下你想采取的克服这些干扰因素的措施。

接下来，我们将给你一些其他的建议与方法，帮助你成功地做到专注于学习。

让大脑做好运转准备

为了能够完全专注于一件事情，你应该让你的大脑运转起来，即便是在休息的时候也要保持大脑活跃。下面这些激活大脑的练习有助于协调左右脑并提高你的专注水平。

交叉运动

把左手胳膊肘放在右腿膝盖上，把右手胳膊肘放在左腿膝盖上，交替进行，做两分钟。你也可以用交叉原地踏步来代替这个练习。交叉原地踏步就是同时抬起右手臂与左腿或者同时抬起左手臂与右腿。还有一种练习方式，就是两只手同时做不同的运动，比如一只手做打击运动而另一只手做绕圈运动。你还可以让腿与头也运动起来并不断地改变运动过程。

打哈欠

做完这个练习之后，你看东西的状态会很放松。在极其高强度的脑力工作之后，做这个练习尤其有效。大大地张开嘴巴，打一分钟的哈欠，与此同时伸展四肢。

躺着的8字

这个练习有助于你提高双眼看的能力以及阅读与写作时的专注水平。用拇指在眼前的空中写个大大的、躺着的8字。在这个过程中，眼睛只跟着你的拇指走并保持头脑平静，这个练习做两分钟。

摸耳朵

这个练习能够锻炼你的听力。开始抚摸你的耳朵，从上往下，慢慢地摸，最后轻轻地拉拉你的耳垂。从上往下重复做这个动作10遍。

健脑操

下面的练习能够唤醒并锻炼你的感官：

● 蒙上眼睛，找到你房间里的某件物品。

● 试着在裤兜里摸到你想找的那把钥匙或者不同的
硬币。

● 换只手来完成日常生活中的一些事情（比如刷牙、洗
衣服、端杯子等）。

构建学习环境

给自己创造一个舒适的环境！

只有在舒适的环境中你才能够专注并快乐地学习。好好布置下你的房间，让你自己感觉舒适。一些图画、植物、舒服的颜色或者一张收拾干净的写字桌都有利于营造舒适的环境。

要做到心中有数！

在一个乱七八糟的环境中，大部分人都无法专心学习。但是过分的爱整洁也没有必要。你只要保证你在学习时不会被干扰，并且你还要知道必要的学习资料放在什么地方。

消除可以避免的干扰！

大部分干扰你专心学习的事物其实都能通过布置良好的学习环境消除。除此之外，你还应该与你的父母、兄弟姐妹以及朋友达成协议，比如在你学习的时候，你的父母或者兄弟姐妹不可以打扰你或者制造噪音妨碍你的学习，而只有在做完作业之后你的朋友才可以给你打电话或者过来找你玩。

坐姿要舒适、健康！

绝不要节省一把好的椅子。这把椅子应该可以自由调节高度和位置。只有这样你才能够避免背痛、头痛以及其他的一些并发症，从而来专心学习。

要有足够的光与氧气！

足够的光线对于激发你的学习动力很重要。如果你在一个明亮的房间里，不仅学习热情会更大，而且你还能够更专注。

此外，大脑还需要充足的氧气来进行思考。因此在开始学习之前要让你的房间通通风，并且在学习的时候也要定时通通风。

工作期间要喝水、吃东西！

学习时，为了能够让充沛的精力维持较长的时间，你应该有规律地补充维生素与矿物质。最好是喝苹果汁并在旁边放一盘新鲜的水果。

建议

像沃尔特·迪士尼一样工作！

沃尔特·迪士尼是所有时代最成功的人士之一。他把自己很大一部分成功归于一个特殊的策略——他的成功秘诀就是在3个不同的场所工作。

场所1：梦想家场所

在这个场所，沃尔特·迪士尼只构造新的想法。这些想法是否可行或者是否可以付诸实践不会在这个场所进行讨论。在这里，他只是先抓住所有的想法并把它们记下来。

场所 2 ： 实干家场所

在这个场所，沃尔特·迪士尼在实际中改进他的想法并制定实施贯彻这些想法的具体策略。

场所 3 ： 批评家场所

在这个场所，沃尔特·迪士尼用批判的眼光探究他的策略与计划，并预测未来可能取得的结果。

这种工作场所策略非常有益于专心学习与工作。你也试一试吧!

你房间里的沃尔特·迪士尼策略

你并不一定要在 3 个不同的房间工作。你把你的房间分成三部分，可以达到同样的效果。比如说沙发可以是你的梦想家场所。在沙发上你可以思考如何开始一项任务（比如一篇作文，一道计算题，一幅画等）。你要在思考的时候记下自己的想法。而写字桌是你的实干家场所。在这里，你把你的想法付诸实践，写作文、计算、画画，等等。你的批评家场所可以是你的另一张小桌子。在这张小桌子上你可以再检查一遍你的工作结果。沃尔特·迪士尼策略之所以能够成功，起决定性作用的是，你要坚持划分这3个不同的任务区。

你要有意识地让自己扮演梦想家、实干家或者批评家的角色，并尝试用相应的姿势、手势与面部表情来完成这些角色。当然你的房间或者区域的布置要与任务区相符合。因此在梦想家场所只放置能够激发你想象力与创造力的东西，比如漂亮的图画、植物、音乐设备。但是在实干家场所不可以有干扰你学习的东西。很多学生在他们的写字桌上放一台电脑，而他们只是偶尔用电脑来学习，主要还是用来玩游戏。这会干扰你的学习！

轻松完成家庭作业

如果你按照以下几个简单的建议来操作的话，以后你将能够更专注并更快、更有效地完成你的家庭作业。

在正确的时间学习！

你的最佳学习时间取决于你个人一天的工作效率曲线。下面这个工作效率曲线是一条平均曲线，你自己一天的工作效率与这条曲线可能会有偏差。

不要在你的工作效率处于低点的时候学习，比如午饭之后，因为这个时候你身体的能量主要用来进行消化。因此你要把你自己的最佳学习时间找出来。

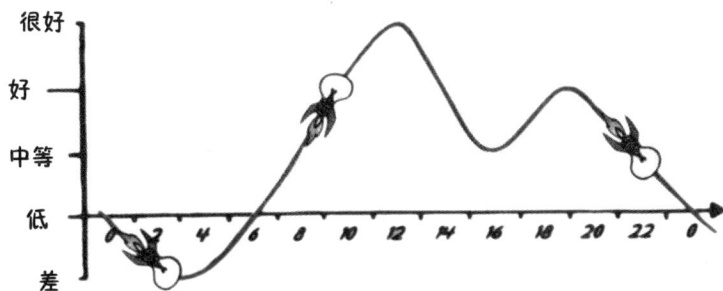

规划进程！

在你开始做家庭作业之前，你首先要制订一个确切的家庭作业进程——最好把这个进程写下来。在规划进程的时候请参考以下建议。

从一个简单的任务开始！

就像一个运动员在开始比赛前要热身一样，你在专心学习之前也需要做一些简单的任务来热身。此外，如果你在开始的时候能够快速地完成一项任务的话，你的积极性也会提高。

避免郎斯伯格抑制！

不要连续学习相似的东西，比如英语与法语单词或者数学与物理。这可能会导致你的大脑混乱，以至于你很快又把学习了的东西忘记了。你最好交换这些学科，如果可能的话，口头作业与笔头作业也要交换进行。

制订休息时间！

休息很重要，这样你才能够保持长时间的专注。因此你要有规律地进行休息，这样才能够继续专注于学习。下面这条曲线显示了人们在一个小时之内专注力的平均发展进程。

一个小时之内的专注力！

当你感觉自己能够专心学习时，就不要让你的热情因为一次休息而消失。如果一个任务能够带给你乐趣，那么你也能够更长时间地专注于解决这个任务。但是一旦你感觉你的注意力下降了，你就应该休息一下了。至少在学习了30分钟之后你就应该休息第一个5分钟。因为专注力会随着学习时间的延长而下降，所以你应该减少接下来的工作时间并频

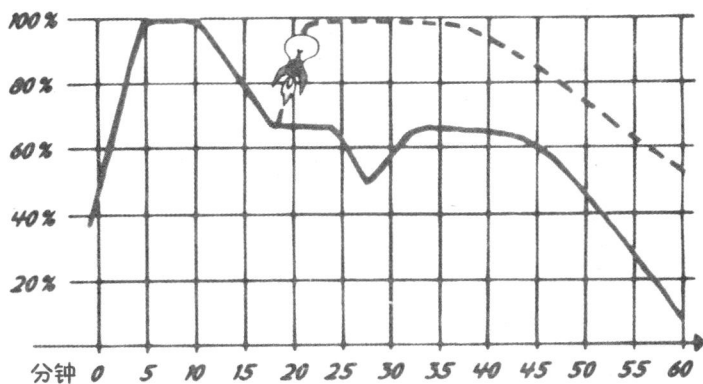

繁地休息。因此20分钟之后你就应该安排第二次休息。在
1.5~2个小时之后，你就应该安排一次15~20分钟的休息。
关于在这些休息时间你应该做什么，我们将会在接下来的几
页中给予介绍。

休息放松

虽然你制订了休息时间来给学习补充能量。但是，只有合理地度过你的休息时间，你才能够专心地继续学习。比如，你可以利用你的休息时间来：

- 呼吸新鲜空气。

- 吃点小零食，最好是容易消化的，比如水果、酸奶。

- 听音乐放松。

- 做些小小的运动练习（如前文描述的）或者放松练习。

只有这样，你在休息之后才能够恢复充沛的精力，继续全神贯注地学习。下面3个放松练习尤其适合在你的休息时间里来做，因为它们有助于你专心学习与工作。在做这些练习的时候，要确保你不会被干扰。你可以躺着也可以坐着来做这些练习。如果你要躺着做这些练习的话，你应该正面朝上躺着，手臂放松，放在身体两侧，双腿并拢放松。

如果你要坐着做这些练习的话，你应该坐直，背部贴着座椅背，双脚放在地上，双手放在大腿上，抬头或者低头都可以，在放松的时候最好闭上眼睛。

呼吸练习

在这个练习中，你只需专注于你的呼吸。用鼻子慢慢地吸一口气，默数到5。要注意的是，你要把气吸入腹部，也就是说你吸的气先充满腹部然后才到达肺部。在数到5的时候屏住呼吸，继续默数6、7、8，然后慢慢用嘴巴呼气。重复这个练习。在5～10次深呼吸之后你会发现，你的整个身体以及你的大脑又变得轻松了。

放松肌肉

一只手握拳，紧握7～10秒钟，然后迅速松开拳头，享受你从手到前臂肌肉那种放松的感觉。用另外一只手重复相同的动作。你可以用这种方法依次放松全身的肌肉，比如肩膀肌肉、脖颈肌肉、胸肌、大腿与双脚。在做完这个练习之后你会感觉身体放松了很多，能够全神贯注地继续工作了。

幻想旅行

在幻想旅行中，你可以想象自己到了一个自我感觉很舒适的地方。你可以自己想象这么一次旅行也可以让别人来引导你（比如你可以去商店买别人制作好的磁带）。幻想旅行最好伴有轻音乐。如果你想学习其他放松心灵的技巧的话，我们为你推荐这一系列中关于放松的书。

小结

- 在每次专心学习与工作之前，你都应该事先做些放松练习来激活你的大脑，让你的大脑全速运转起来。

- 把你的工作环境布置得充满舒适感，这能够让你完全专注于学习。对此，请试一试沃尔特·迪士尼的成功策略吧。

- 为了能够专注地完成你每天的家庭作业与学习任务，请事先计划好你的学习课程。

- 如果你在学习的时候有意识地休息、做运动或者放松练习的话，你将能够长时间地专注于一件事情。

4.

规划学习成效

- · 是什么让你充满动力地去学习或者工作?

- · 如何给自己设定可以实现的目标?

- · 与自己签订协议有什么好处?

　　只有知道道路通向哪里的人，也就是说只有知道学习的目标是什么的人，学习时才会有乐趣。如果你没有学习的理由（除了你的父母与老师的告诫），那么你将很难坐在家里完成家庭作业或者准备课堂作业，因此你应该想想你的学习目标是什么。不妨试着问自己以下几个问题：

　　我想要达到的长远学习目标是什么？具体如下：

● 我对哪些科目感兴趣？

● 我想在哪个领域拔尖？

● 我的强项是什么？我如何合理地运用它们？

● 我想取得哪种学历？

● 哪种职业培训或者大学学习内容能够激发

我的兴趣?

我想要达到的中、短期目标是什么?在这个学年我想专攻哪些科目?具体如下:

- 我要在哪些方面有所改善与提高?
- 在下一次考试中我要获得多高的分数?
- 在接下来的课堂作业中我想取得什么成绩?
- 我要如何提高我的口头表达能力?

目标很重要

目标是学习成功的基础之一。你只有确定了你的目标，也就是说确定在什么时候想要达成什么，你才有动力去学习或者工作。在给自己设定目标的时候，请注意以下事项。

设定可实现的目标！

在给自己设定目标的时候要谨记，不要给自己设定太多的目标，而是要设定可实现的目标。如果你发现你的目标太高而无法实现的话，你会很沮丧。要脚踏实地，一步步来，慢慢地提升自己。在寻找目标的时候你要好好想想，你已经具备哪些能力，能够给自己哪些挑战。

制订具体清晰的目标！

一个目标只有当它定义清晰以及可控制时才是有效的目标。你的潜意识需要确切的指示，这样潜意识才知道朝着哪个方向指引你。"我将提高我的数学成绩"这种句子作用不大，因为这种句子没有设定一个明确的目标。像下面这种表达会更好："在期末考试中，我的数学获得了87分！"

要像你已经达到了这个目标似的表达你的目标！

以这种方式表达你的目标的话，你在你的想象中已经达到了你的目标。你的潜意识会采取一切措施来帮助你实现这个目标。比如这种表达："我期末考试的平均分是80分！"而下面这种表达就不明确："我在下次考试中将获得80分。"

目标的表达要具有积极性！

不要使用"没有""不""糟糕"等消极的词。像这种表达"我的生物不可能得到满分了"是极其不明智的。而像这种表达"我在下次生物作业中至少得了80分"会更好。这样你会指引你的潜意识朝着成功的方向前进。

确定达到目标的时刻！

确定你要达到你的目标的具体时刻很重要。这样你不仅能够制订更详细的计划，也不会想着去推迟实现目标的时间。接下来介绍的规划技巧会有助于你一步一步地靠近你的目标。

个人的 目 标计划

在这几页中你会找到非常有效的技巧来规划你的学习蓝图。你可以参考下面的例子，按照你自身的学习情况完成你的学习目标。

第一步：我的问题

第一步把目前困扰你的问题写下来。

第二步：我的目标图像

第二步起草你的"目标图像"。这个"图像"是抓拍你完成既定目标那一刻的情形。你可以想想，如果达到了目标的话会发生什么积极的变化。

第三步：我的具体目标

第三步仔细观察你的目标图像，并从中得出你的具体目标。

第四步：我的措施

第四步列举为了达到目标你将采取的所有措施。

1. 我的问题

在过去的两年中我在学校里总是表现欠佳。我上次获得的平均分是60分。以前在外语与数学这两门科目中我总是能够获得较好的分数，现在却只有50分。生物我甚至快得零分了。我无法进入学习状态，我那乱七八糟的学习场所也反映了我现在的状态。我浪费了很多时间，也没做什么有意义的事情。糟糕的成绩让我很压抑，我总是感觉，如果我不改变我的学习方式的话，后果不敢想象。

2.我的"目标图像"

在学期结束时，我的关键科目（生物、外语与数学）得了65分。这让我感觉，明年我会获得更好的成绩。我的学习方式向好的方向发生了转变，我制订了学习时间，我的学习场所也收拾整齐、布置好了。现在，因为我能够更好地规划我的时间，所以我也有更多的时间来发展我的兴趣爱好。

3.我的具体目标

在期末考试中我获得了80分的平均分！

4.我的措施

措施	什么时候？	OK
我买了这一系列中有关时间管理的书，重新规划我的时间	立刻	
我像沃尔特·迪士尼一样布置我的学习场所	立刻	

我给每门科目设置了一个文件夹	一周后	○
在我的时间规划中，我每天的学习时间为2个小时	立刻	○
每周我多花3个小时来学习生物、外语与数学	立刻	○
我为生物课程制作了一个学习索引	一周后	○
我与尼克一起每周学习2个小时的数学	立刻	○

与自己签订协议

与自己签订协议是一种非常有效的自我激发动力的方法。

目标与时刻

在这里记下你在某个时刻要达到的目标。要注意目标的正确表达方式。

措施

为了达到你的目标，你要记录什么时候该做什么。

奖励

如果达到了目标，你应该奖励自己。也许你还可以从父母那里获得奖励。

地点、日期与签名

这三项很重要，因为只有这样协议才有效。

你可以照搬下面这页的协议，也可以往里面添加一些内容，如果你能够在电脑上设计自己独有的协议的话会更好。最好把这张协议挂在一个醒目的地方，这样你能够天天看到它来提醒自己。

协议

我许诺，到 ⬚⬚⬚⬚⬚⬚ 实施以下目标：

⬚⬚⬚⬚⬚⬚⬚⬚⬚⬚⬚⬚⬚⬚⬚⬚⬚⬚⬚⬚⬚⬚⬚⬚⬚⬚⬚⬚⬚⬚⬚

为了达成我的目标，我采取以下措施：　　立刻　　到什么时候

⬚⬚⬚⬚⬚⬚⬚⬚⬚⬚⬚⬚⬚⬚⬚⬚⬚　　⬚　　⬚⬚

⬚⬚⬚⬚⬚⬚⬚⬚⬚⬚⬚⬚⬚⬚⬚⬚⬚　　⬚　　⬚⬚

⬚⬚⬚⬚⬚⬚⬚⬚⬚⬚⬚⬚⬚⬚⬚⬚⬚　　⬚　　⬚⬚

⬚⬚⬚⬚⬚⬚⬚⬚⬚⬚⬚⬚⬚⬚⬚⬚⬚　　⬚　　⬚⬚

为了达成目标我给自己奖励：

地点   日期   签名

你要知道，几乎每个好的主意与好的打算最迟在3天之后就会变得没有吸引力。因此现在立刻运用你的动力并用协议约束自己。你只要达到了第一个目标，那么你就会处于一个成功的螺旋线上，接下来的目标也会更容易实现。

也就是说：现在就规划你的学习成效！

小结

· 目标很重要！只有知道自己想去哪里的人才有机会到达他想去的地方。

· 为了实现你的目标，你必须把目标分阶段实行，这样你才知道哪些步骤是必需的。

· 与自己签订协议是一种非常有效的自我激发的方法。以协议的形式，书面确定你的目标以及要采取的措施。

· 立刻着手规划，利用你现在的动力来获得成功。

7（加1）个超强学习方法

希望本书能够带给你快乐以及一些有用的建议，最后我们想总结归纳一些学习方法，希望这些方法能够伴随你一路通往成功。

方法 1

调动所有的感官来学习！

学习时使用的学习途径越多，你使用的大脑的能力也就越多。

方法 2

一点一点地学习！

你的记忆只能接受并处理一定数量的信息，因此有必要对学习材料进行合理的划分。

方法 3

连接你的知识网！

关于一个主题你了解得越多，你就越容易掌握新的内容。你的记忆会检查新的信息与之前获得的知识是否相关联。如果相关联的话，新的信息很容易与之前的知识相结合，你也就能够更轻易地掌握并记住它们。

方法 4

发挥你的长处！

利用你擅长的学习途径。做一下学习类型测试，看看你是属于哪种学习类型。此外为了能够更有效地学习，你还需要使用有效的学习策略、绘制头脑地图、制作索引卡等。

方法 5

在正确的地点与正确的时间学习！

正确的学习地点与学习时间是专注学习的基本条件之一。寻找你自己每天的工作效率曲线并像沃尔特·迪士尼那样布置你的学习与工作场所。

方法 6

放松自己！

压力与恐惧是阻碍记忆的最大元凶，它们会妨碍、阻挠你的思考。通过一些简单的放松心灵的练习你就能够消除内心的压力与恐惧。

方法 7

给自己设定目标，规划你的学习成效！

只有当你有了目标，学习才会真的给你带来乐趣。有了正确的目标规划，你才能最终踏上成功之路。

附加一个方法

使用网络！

网络有很多用途，比如你可以利用网络来完成家庭作业，准备报告，等等。

学会自我激励

[德]赖因哈德·施普伦格

[德]克里斯蒂娜·索尔

认识自己的长处

[德]莫妮卡·孔茨

[德]哈迪·瓦格纳

发现你的创造力

[德]比约恩·格默

变身演讲高手

[德]克里斯蒂娜·索尔

定价：68.00元

提高成绩有诀窍

成为运算高手
[德]乌里·基斯林
[德]迪尔克·康纳茨

打造满分作文
[德]达尼埃拉·托伊雷尔

轻松完成家庭作业
[德]比约恩·格默
[德]克里斯蒂娜·康纳茨

搞定课堂测验
[德]迪尔克·康纳茨
[德]克里斯蒂娜·康纳茨

巧解应用题
[德]比约恩·格默

定价: 88.00元

学会绘制头脑地图

[德]比约恩·格默

[德]克里斯蒂娜·索尔

[德]迪尔克·康纳茨

让你提高记忆力

[德]克里斯蒂娜·索尔

[德]迪尔克·康纳茨

学会集中注意力

[德]比约恩·格默

找到你的学习方法

[德]迪尔克·康纳茨

[德]克里斯蒂娜·索尔

定价：68.00元

学会管理时间
[德]洛塔尔·J.赛韦特
[德]迪尔克·康纳茨

学会实现目标
[德]迪尔克·康纳茨
[德]胡内特·施瓦茨

学会保持健康
[德]乌尔里希·施特龙茨
[德]迪尔克·康纳茨

学会利用网络
[德]塞巴斯蒂安·索尔

定价：68.00元

学会放松

[德]迪尔克·康纳茨

[德]克里斯蒂娜·索尔

让你增强自信心

[德]芭芭拉·希普

学会战胜压力

[德]芭芭拉·希普

学会正确处理冲突

[德]比约恩·格默

[德]克里斯蒂娜·索尔

定价: 68.00元

成为说服他人的专家

[德]克里斯蒂娜·索尔

[德]迪尔克·康纳茨

学会与异性正确交往

[德]迪尔克·康纳茨

[德]迪尔克·杰勒曼

拥有完美举止

[德]苏珊娜·舒伯特

快速提高口头表达能力

[德]比约恩·格默　[德]迪尔克·康纳茨

学会与人相处

[德]莫妮卡·孔茨　[德]哈迪·瓦格纳

定价：88.00元

学会绘制头脑地图

[德] 比约恩·格默　　克里斯蒂娜·索尔　　◎著
迪尔克·康纳茨

谢芳兰◎译

四川人民出版社

图书在版编目（CIP）数据

这样学习效率高 / （德）迪尔克·康纳茨等著 ; 谢
芳兰译 . -- 成都 : 四川人民出版社，2017.8
（儿童自我成长小百科）
ISBN 978-7-220-10044-4

Ⅰ . ①这… Ⅱ . ①迪… ②谢… Ⅲ . ①学习方法—研
究 Ⅳ . ① G791

中国版本图书馆 CIP 数据核字（2017）第 040273 号

著作权合同登记号　图进字 : 21-2017-445

Published in its Original Edition with the title
Mind Mapping - fit in 30 Minuten
Author: Björn Gemmer, Dirk Konnertz, Christiane Sauer
By GABAL Verlag GmbH
Copyright © GABAL Verlag GmbH, Offenbach
This edition arranged by Beijing ZonesBridge Culture and Media Co., Ltd.
Simplified Chinese edition copyright © 2017 by Beijing Reader's Cultural & Arts
Co., Ltd.
All Rights Reserved.

儿童自我成长

之 **快速学习法**

通过阅读这本书，你能够掌握如何快速提高自己的学习效率。

● 每个章节围绕着3个中心问题展开，这些问题在每个章节中都会得到解答。

● 本书中介绍的小小的练习能够调动你的积极性，越往后练习就越难。

● 在每个章节结束的时候，最重要的内容会再次总结归纳一遍。

这本书结构清晰，你可以随时拿在手边，快速浏览你感兴趣的内容。

目录

开篇语

　　我到现在心里还有阴影，所以我不愿意说出来：我想找到智者之石，可是我从未发现真理。

——海因茨·埃哈特

　　不要因为缺乏成功的经历而感到沮丧。有效的学习方法能够帮助你学到知识并一步一步地接近成功。在此，我们将为你介绍一种极其有效的学习方法——头脑地图方法。这种方法能够让你抓住问题的核心并从各个方面对其进行深入探讨。这听起来似乎比较复杂，不要害怕，实际上这种方法很简单。

借助头脑地图，你能够按照大脑的工作原理来高效率地工作，尤其是当你：

- 总是忘记好不容易学会的东西。

- 做的笔记总是乱七八糟。

- 写作文的时候什么想法都没有。

- 感觉很难做到脱稿朗诵。

- 经常混淆事实性知识。

此时，头脑地图能够帮助你解决在学习中碰到的这些问题。

头脑地图尤其有助于你：

- 快速并准确地分析文章。

- 做记录、做笔记。

- 理解并复习学习材料。

- 写出具有创造性的文章。

- 准备报告、做报告。

- 规划生日宴会与骑自行车郊游。

头脑地图有这么多的用途，因此你不仅可以借助头脑地图来克服学习上的困难，还可以把它运用到你的假期生活以及你以后的职业生涯中。不管何时，只要你想写出具有创造性的文章或者报告、处理信息或者实施项目，你都可以借助于头脑地图方法来进行。

我们提供了丰富的例子来教你运用头脑地图，而且我们还会告诉你什么时候使用头脑地图会更有效。

祝你阅读愉快、祝你成功！

比约恩·格默

克里斯蒂娜·索尔

迪尔克·康纳茨

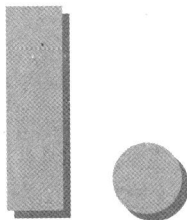

Chapter 1

什么是头脑地图

- 头脑地图的特点是什么?

- 为什么头脑地图是种非常有用的学习方法?

- 如何制作头脑地图?

头脑地图并不是没有价值的东西，而是一种非常有用的学习方法。头脑地图是由英国教育学家托尼·巴赞发明的，他在脑科学领域拥有渊博的知识。头脑地图充分利用了人类的图像想象能力。在东亚的图画文字中，人们发现当时的人在绘制树形图或者技术流程图时就已经运用了人类的图像想象能力。

　　头脑地图这种方法既古老又现代，因为它兼顾了最新的研究成果。

　　一张头脑地图总是围绕着某个主题来展开。我们可以从多个角度来探讨这个主题，或者把这个主题分成几个组成部分。

如何绘制头脑地图并没有明确的规则，你完全可以按照你自己的喜好来绘制头脑地图。现在你还可以利用计算机软件来帮助你绘制头脑地图。

为什么头脑地图能够起作用

制作头脑地图的关键是，除了文字外，你还要利用图画来解释事实情况。你也可以把头脑地图理解成图画。设计精良的结构以及图画是头脑地图成功的秘诀。

头脑地图的起源

把图画与文字联系起来的这种方法对我们而言一点都不新鲜。我们熟悉的象形文字实际上就是图像符号，是在大约5000年前在埃及被发现的。随着时间的推移，纯粹的图形文字慢慢地被淘汰，尤其是在欧洲。15世纪，欧洲发明了字母，这也宣告了图形文字的终结。但是，图形文字并没有完全消失，比如汉字里面就包含了图像与文字。在欧洲，早在14世纪时，西班牙加泰罗尼亚哲学家拉曼·鲁尔就认识到，使用结构清晰的图画对人们的学习会更有帮助。比如族谱，人们到今天还在使用他的这种方法来阐明亲属关系。因此，拉曼·鲁尔被认为是树形图的发明者。

头脑地图与脑科学

我们人类不仅有一双眼睛、两只耳朵，我们还有两个半脑，即左脑和右脑。1962年，大脑研究家罗杰·斯佩里在研究左右脑时有一个惊人的发现：左右脑的功能具有显著的差异。

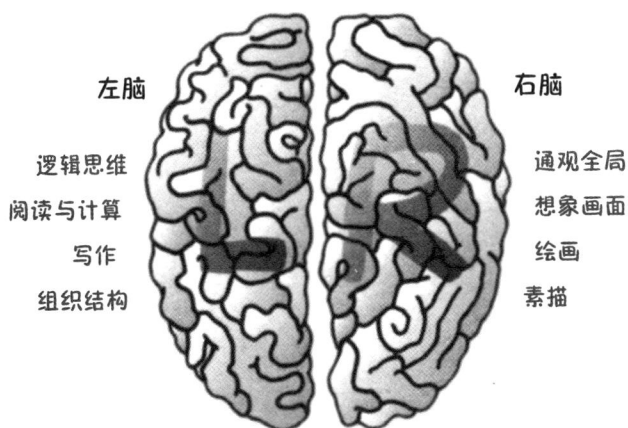

左脑
逻辑思维
阅读与计算
写作
组织结构

右脑
通观全局
想象画面
绘画
素描

英国教育学家托尼·巴赞的头脑地图学习法就是基于对左右脑分工协作的认识。当你在绘制头脑地图时，写作与组织结构由左脑负责；此外，你还要使用象征符号与图画，以及利用头脑地图通观整个主题，而这些都由右脑负责。使用关键词而不是大量的单词有助于你把信息保存在长期记忆中。

绘制头脑地图的规则

为了确保在绘制头脑地图时，你能够合理地使用左右脑，你应该注意以下几条规则。我们以"我的朋友托马斯"这个主题为例子来绘制一张头脑地图。

纸

使用没有格子与线条的白纸，有线条或者格子的纸会限制你思想的自由发挥。你可以使用稍大的纸张，这样你的头脑地图就能够更一目了然。根据主题的规模大小，你可以使用A4规格或者双倍大小的纸张。用来复习或者做报告的大型头脑地图可以使用壁纸来制作。因为人的视野宽度大于高度，所以你在绘制头脑地图的时候要把纸横放在桌子上。

主题

　　头脑地图的主题是你思维的焦点，因此要把主题写在纸张的中间，然后从中间开始向各个方向发散，就像水面上的波纹。如果你为你的主题想到了一张合适的图画，那么就把这幅画画在纸张的中间来代替单词。这样你就赋予了头脑地图独有的特点，因此你也能够更好地把主题与其他的事物区分开来。

分枝

　　头脑地图的主要特点在于其结构的特殊性。在绘制头脑地图时，思维要围绕着主题不断地往外扩展，就像树冠分枝一样。绘制头脑地图的时候请注意以下几点：

- 以主题为中心画粗壮的树枝，在树枝上标出主题的要点。

- 再从树枝上分出小的枝丫，对要点进行更确切的描述。

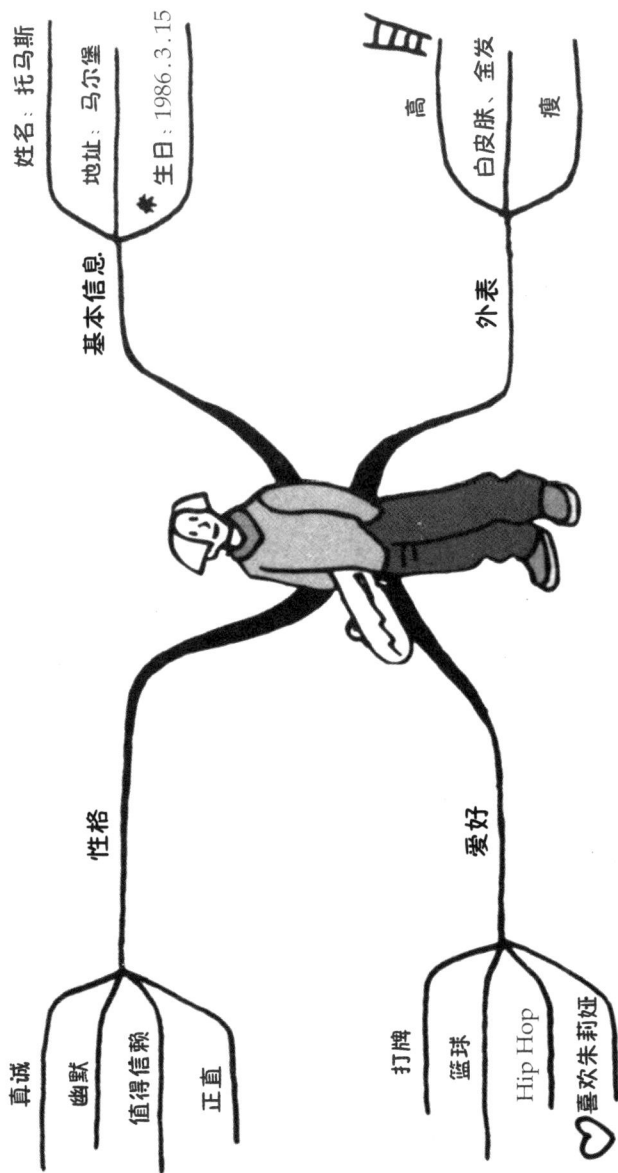

基本信息
- 姓名：托马斯
- 地址：马尔堡
- 生日：1986.3.15

外表
- 高
- 白皮肤、金发
- 瘦

性格
- 真诚
- 幽默
- 值得信赖
- 正直

爱好
- 打牌
- 篮球
- Hip Hop
- 喜欢朱莉娅

15

- 请注意，树枝与枝丫的长度要与所标内容差不多一样长。

- 如果要用多条枝丫来描述一个概念的话，那么就单独给这个概念画一根树枝。

- 绘制的头脑地图要能够随时阅读，而不需要每次查找内容时从头到尾再看一遍，这样你才能够把这张头脑地图记得更牢固。

- 画树枝的顺序就是阅读头脑地图的顺序。从右上方开始，就是时钟上1点钟那个方向点，然后按照时针旋转方向画下去。

- 如果顺序对你来说无所谓，而且你也不知道你的头脑地图会如何发展的话，那么就像切蛋糕一样随意添加树枝吧。

✏ 关键词

在绘制头脑地图时，你应该尽量在每条树枝或者枝丫上只写一个词，这个词要能够简单概括各条树枝或者枝丫所代表的观点。人们把这种词称为"关键词"。关键词在你的大脑里能够引起多米诺效应，就像演员在忘记台词时，他只需要一个关键词提示就能够想起其他台词继续表演。关键词能够唤醒你大脑中的联想机能，让你在非常短的时间之内记起很多信息。比如"Stop"标志牌，我们只需看到关键词"Stop"就知道我们接下来应该做什么。人们不需要在标志牌上写上整个句子，比如："请您减速刹车停在白线外面，然后左右看看是否有行驶的车辆过来。如果没有的话，那您就可以继续往前行驶了，如果有的话，那么请稍候！"多亏了关键词，这样不仅大街上整洁有序多了，而且你的大脑里也没有那么多乱七八糟的事情了。

✏ 字体

用粗体字来标记树枝与枝丫！粗壮的树枝就用粗体字标记，细的枝丫相应地用细的线条和字体来标记就可以了。此外，标记树枝的字体要比标记枝丫的字体大些，这样做的话能够让你更好地区分要点与次要点。

颜色

你是否问过自己，为什么告示牌都是黄色的？因为黄色引人注意，给人的视觉冲击非常强烈！在所有的颜色之中，黄色是最先进入你视野的颜色。

- 在你的头脑地图中什么最重要，就给它涂上黄色。
- 特别重要或者容易出错的地方就用红色标记一下。
- 颜色可能也与你的头脑地图的内容有关，比如在一张描述脊椎动物的头脑地图（参见后文）中，你可以给代表爬行动物的树枝涂上绿色，代表海洋哺乳动物的树枝涂上蓝色。

总而言之，颜色能够帮助你更好地划分头脑地图，使得它更一目了然，因此你也能够更好地记住它。

图画与象征符号

为了能够更充分地利用右脑的能力，你应该在头脑地图中插入尽可能多的图画。它们能够唤起你的联想，帮助你区分各张头脑地图并有助于你的记忆。你可以用象征符号来代替出现频率较高的关键词，比如用手机来代替"呼叫"。

树、鱼骨还是水泡

头脑地图的形状不能总是跟前文列举的例子一样。除了树形图你还可以把头脑地图画成鱼骨的形状：

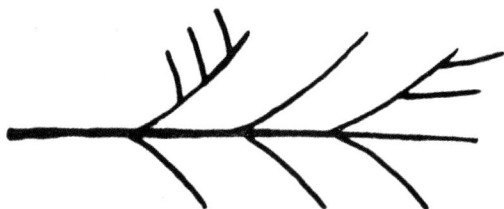

此外，你还可以把头脑地图画成水泡的形状。所谓"水泡方法"就是在纸上画一个水泡，把关键词圈起来。与树枝形状的头脑地图相比较，这种形状的头脑地图虽然不好划分，但是画起来更快、更简单。选择哪种形状的头脑地图取决于你自己。你只要喜欢你绘制的头脑地图就可以了。如果你对你的头脑地图感兴趣，那么你也能够更好地记住它。

簇

美国教师加布里埃莱·里克发明了一种与托尼·巴赞的头脑地图极其相似的学习、工作方法——簇。在这种方法中，也要把主题写在纸张的中间，然后从中间开始向各个方向发

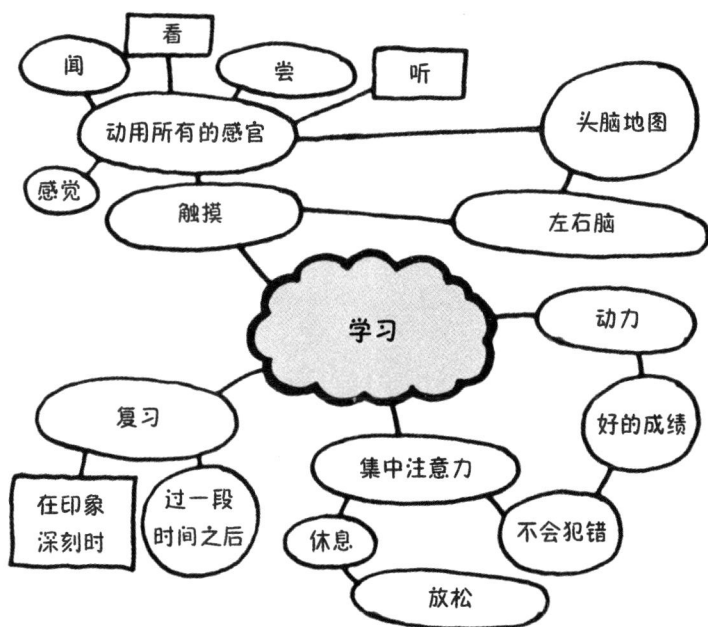

散，但是并没有一定的结构。在簇中，你先把关键词写在主题的周围，然后把关键词圈住，最后按照你想到关键词的先后顺序用线把它们连接起来。这种方法不需要消耗脑力来组织、划分头脑地图的结构，并且使用的主要是右脑，因此它能够让你想出更多的创意。你也可以把簇变成一张头脑地图。

✏ 用电脑绘制头脑地图

如果你觉得用手绘制一张吸引人的头脑地图有困难的话，那么你可以借助于计算机程序来绘制头脑地图。这些程序里有绘制头脑地图的重要规则以及大量的图画与象征符号，当然你自己也可以随时对它们进行补充。

练习

现在，你已经学习了绘制头脑地图的重要规则以及头脑地图的各种表现形式，接下来我们给你布置一个任务：以"我最好的朋友"为主题绘制一张头脑地图。你可以参照前文的例子。

小结

- 根据脑科学知识，我们明白了为什么头脑地图是一种有益的学习、工作方法。

- 在绘制头脑地图时你应该使用没有线条与格子的白纸，并且把纸横放，把主题写在纸张的中间，围绕着主题用树枝与枝丫构建一个清晰的框架，使用关键词、颜色以及图画。

- 当然，你也可以利用电脑以及某些特殊的程序来绘制头脑地图。

让信息进入大脑

- 合理地分析一篇课文的方法有哪些？

- 如何才能够更轻松、更长久地记住你的学习材料？

- 如何快速而高效地制作一份成绩报告？

为了让别人能够理解，人们必须把他所讲的东西让别人看见。

——约翰·戈特弗里德·冯·赫尔德

赫尔德的这句名言隐藏了很多真理，自己想想这句话隐藏了哪些真理。如果我们没有给你列举例子，你是否能够真正掌握绘制头脑地图的规则呢？如果一个高保真音响的说明书上没有图解的话，这个说明书的作用能有多大呢？

想想哪些东西只有配备了图解或者缩略图，你才能够真正地看懂它们的说明书。

也许你已经经历过了很多这种情况，因为学习始于理解，而你只有把某件东西放在你眼前，让自己亲眼看见，你才能够真正理解它。

而头脑地图就是以学习为目标。通过头脑地图，你把你的学习材料形象化并展现在你自己眼前。你研究你的学习材料并按照大脑的工作原理对它们进行整理、归纳。制作完成的头脑地图能够激发人的左右脑，因此也能够让人们更好地记住它。

准确地分析课文

在你的学习生涯中，有一项能力越来越重要，那就是准确地分析课文。在所有的科目中，你都必须能够快速地理解课文并牢记课文中的思想内容。在接下来的6步纲要中，我们将告诉你如何借助头脑地图来分析课文、文章或者一本书。

1.预览

首先，你应该粗略浏览一遍课文，具体地说就是：

● 如果课文有总结的话，就先看总结！

● 看标题以及粗体字或者有下画线的字。

● 如果课文中有图解的话，就看图解及其描述。

2.提问

在对课文的主题有了一个粗略的了解之后，你问问自己，课文的中心思想是什么？作者写这篇文章想要表达的是什么？

3.阅读

仔细阅读整篇课文并试着回答第二步中的问题。仔细思考你所阅读的内容并想想，对于这个主题你还知道些什么？

4.做标记

在你阅读完整篇课文之后，把课文中的关键词标出来。注意，标记的内容不要超过文章内容的10％。

5.绘制头脑地图

现在利用你标记的关键词来绘制一张头脑地图。重要的关键词必须写在主干上，其他细节作为枝丫添加进去。作者一般喜欢使用树枝形结构，因为如果文章结构分明的话，标题可以直接作为主干上的关键词来使用，而枝丫上的关键词经常就是课文中用下画线或者斜体字标注出来的词。

6.评判与检测

最后用批判的眼光来观察你的头脑地图并把它"拍进"你的记忆之中。观察之后，你可能需要对它进行完善或者补充。现在你可以凭记忆再画一遍你绘制的头脑地图，以此来检测你的学习成果。

7.试试吧！

请分析下面的文章。在后文，我们已经为此画好了一张头脑地图。

学校与互联网

互联网已经成为我们当今最重要的交流媒介。几乎在我们日常生活的所有领域中都有它的身影：我们在网上办理银行业务、搜索网上的小广告以及职业介绍、写电子邮件、在网上寻找与我们的兴趣爱好有关的信息、寻找旅游胜地，等等。现在，人们认为学校也应该引进互联网。

与传统的信息源相比较，互联网作为包含大量数据源的网络系统有很多*优势*。它的内容极其*丰富*。不管人们想知道什么，大部分情况下，都可以在网络上找到答案。此外，想得到的信息很快就能够找到，而去图书馆则需要花费很多时间来找到想要的信息。而且通过互联网获得信息极其方便，因为你只要在网页的相关位置上用鼠标点击"下载"或者是"打印"的按钮就可以了。当然互联网有利也*有弊*。首先，你必须得连上网络，长时间使用网络需要相当高的费用。而前面称赞的大量数据源的**挑选**也会成为负担。如果不能够正确地利用搜索引擎，你很快就会感觉寻找信息如大海捞针似的。

但是互联网作为信息源至今未被其他媒介所超越，越来越多的人呼吁互联网在学校里也要占有一席之地。互联网尤其适合用来准备*报告*。在网络上，人们不仅可以获得一个主题的一般性**概括**，还可以获得与此相关的专业知识。除了准备报告，互联网还可以帮助你完成*家庭作业*。通过电子邮箱，你可以与别人进行结果对照；如果你不懂某个知识点的话，还可以在专门的聊天室里寻求帮助。也许这不是老师的本意，但是总比你一点都不想做家庭作业要更好。

学校与网站的另外一个交接点是学生喜爱的科目。除了课本之外，互联网还提供给学生研究他们喜爱的科目的机会。

比如体验*新事物*。在一些科目中，比如生物或者化学，人类总是会有新的发明，因此去浏览一下讲解这些研究结果的高校网站是非常有必要的。此外，学生在互联网上还能够了解到一些大学的*工作室*，为以后的发展奠定基础。除此之外，互联网上还会经常举行某一科目的*知识竞赛*或者*智力问答*。

互联网还能够促进校外培训以及知识传授。网络能够让你的学术旅行计划简单化。班集体也可以自己组织学术旅行，比如在网上考察*旅行目的地*，通过点击鼠标来询问*展览*的时间与地点。学校附近的剧院的剧目表，以及博物馆或者艺术馆的开放时间等也都可以在网上找得到。

最后要注意的是，这里我们只是简单地描述了学校与互联网的联系。如果你还想了解更多有关互联网在学习上的用途以及更多有关如何运用互联网的知识，可以参阅这一系列中有关互联网的内容。

32

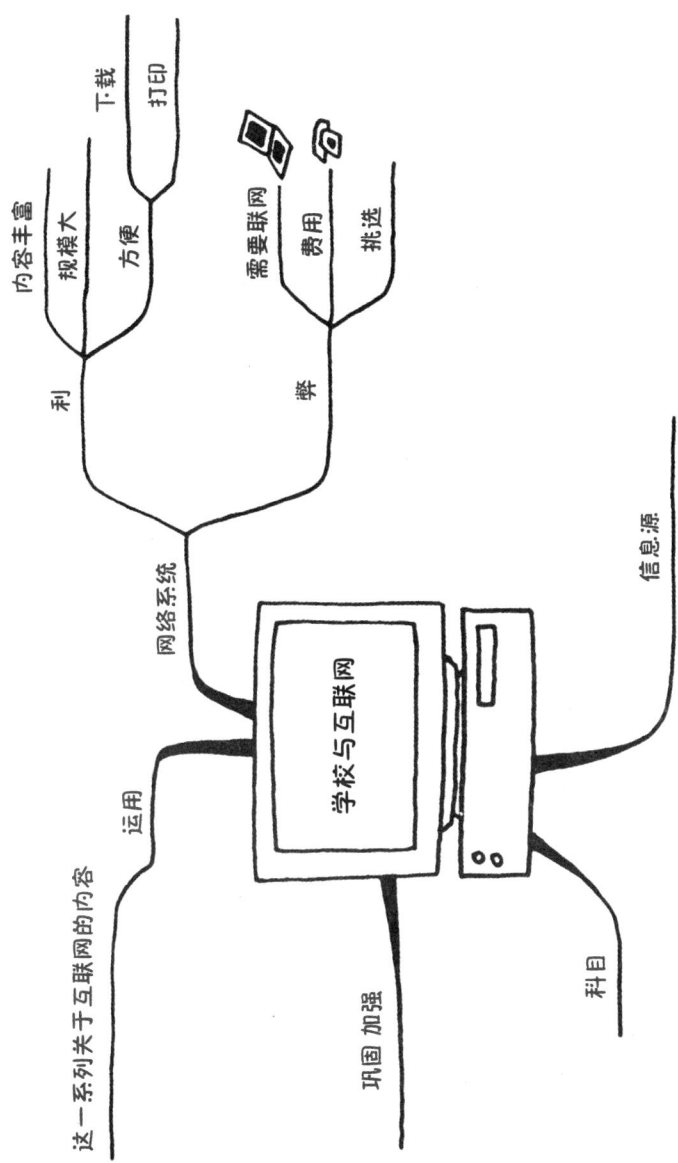

利
内容丰富
规模大
方便
下载
打印

弊
需要联网
费用
挑选

网络系统

学校与互联网

运用
这一系列关于互联网的内容

巩固加强

信息源

科目

做课堂笔记

现在老师很少会把你想记录或者记住的东西写在黑板上。一般你需要自己筛选出最重要的信息并把它们记录下来。在以下场合你需要做报告：

- 社团会议或者学习会议；

- 自然科学实验；

- 演讲与讨论会。

在这些情况下，记录报告应该简单扼要，只包含主要信息。但是一般情况下（没有利用头脑地图方法的情况下），你所做的记录报告都是乱七八糟的，其原因可能是因为你没有明确地掌握主题、你在做记录的时候没有跟上说话人的进度或者你对所讲述的内容不感兴趣。制作结果记录报告尤其困难，它与过程记录报告的区别是，它是按照事件的主要结果而不是按照事件实际发展的时间顺序来进行划分。

利用头脑地图，结果记录报告的制作会变得更简单

利用头脑地图，你能够轻而易举地制作出漂亮的结果记录报告，因为：

- 利用头脑地图，你能够通观全局。

- 你总是能够以主题为中心，不会迷失在细节中。

- 如果说话者突然从一个重点跳到另外一个重点的话，你的思维也可以轻易地跳到你头脑地图上的另外一个主干上，从而跟上说话者的跳跃性思维。

- 你可以随时对你的头脑地图进行补充。"在一张圆桌旁边总是能够放进一把椅子"——在头脑地图中也总是能够再添加进去一根树枝。

- 你可以在各根树枝之间标上箭头，以此来表示各根树枝之间的关系。

建议与技巧

以下建议还能够进一步减轻你做记录报告的难度：

- 请求发言人在演讲之前对他报告的要点进行一个简单的概括。把这些要点作为你头脑地图的主干。

- 不要马上把所有的东西都记下来！先仔细听，直到你为所说的内容找到了一个合适的关键词再把关键词写下来。

如果演讲进行得太快了……

你就应该注意以下几点，以防漏掉报告内容：

- 在记录报告中使用颜色与象征符号！

- 使用关键词的缩略语！

- 像簇技巧一样，先把报告内容大致地整理一遍，然后再绘制一张整洁的头脑地图。

下页的例子是一份有关结果记录报告的头脑地图。

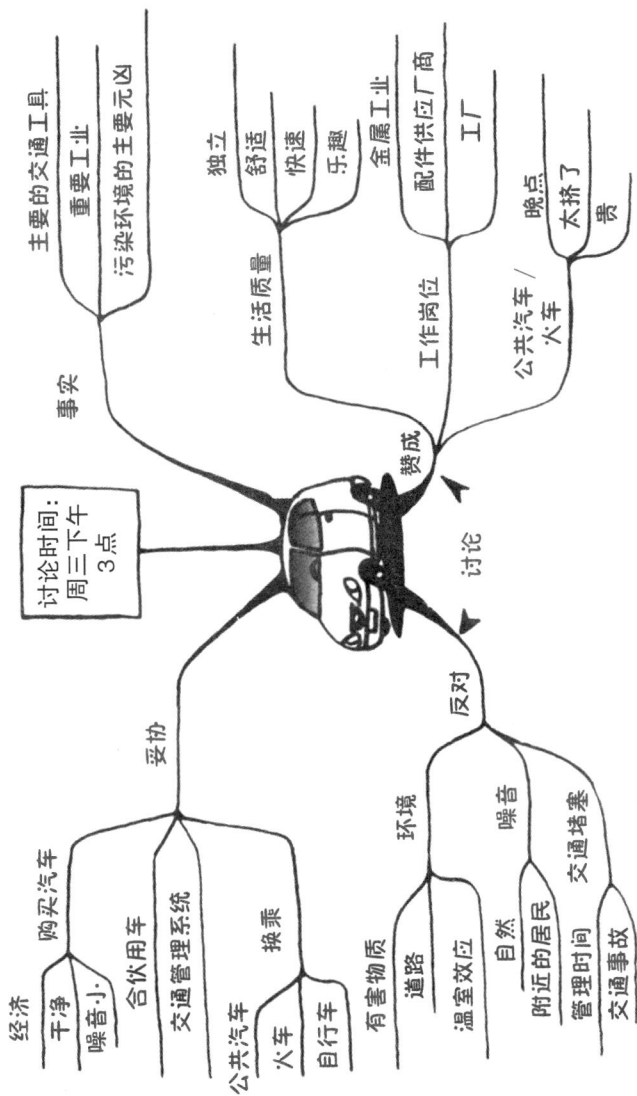

讨论时间：
周三下午
3点

事实
- 主要的交通工具
- 重要工业
  - 污染环境的主要元凶

赞成
- 生活质量
  - 独立
  - 舒适
  - 快速
  - 乐趣
- 工作岗位
  - 金属工业
  - 配件供应厂商
  - 工厂
- 公共汽车/火车
  - 晚点
  - 太挤了
  - 贵

讨论

妥协
- 经济
  - 购买汽车
    - 干净
    - 噪音小
  - 合伙用车
  - 交通管理系统
  - 公共汽车
  - 火车
  - 自行车
  - 换乘

反对
- 环境
  - 有害物质
  - 道路
  - 温室效应
  - 自然
  - 附近的居民
  - 管理时间
  - 交通事故
  - 噪音
  - 交通堵塞

37

为考**试**做准备

马上就要有一场考试了，但是你还不知道应该如何在短时间之内记住这么多的学习材料。头脑地图虽然不能减少你准备考试的工作量，但是它能够让准备工作更简单、更有效。

设法对考试内容有个大概的了解！

首先检查一下，哪些教学内容与考试有关，然后把相关的教学内容制作成一张巨型头脑地图，如下页所示。把最重要的主题写在主干上；最重要的概念就写在各个主干的枝丫上。把这张巨型头脑地图"拍进"你的记忆之中！这样你就对你必须知道的内容有了一个大概的了解。这一步骤极其重要，

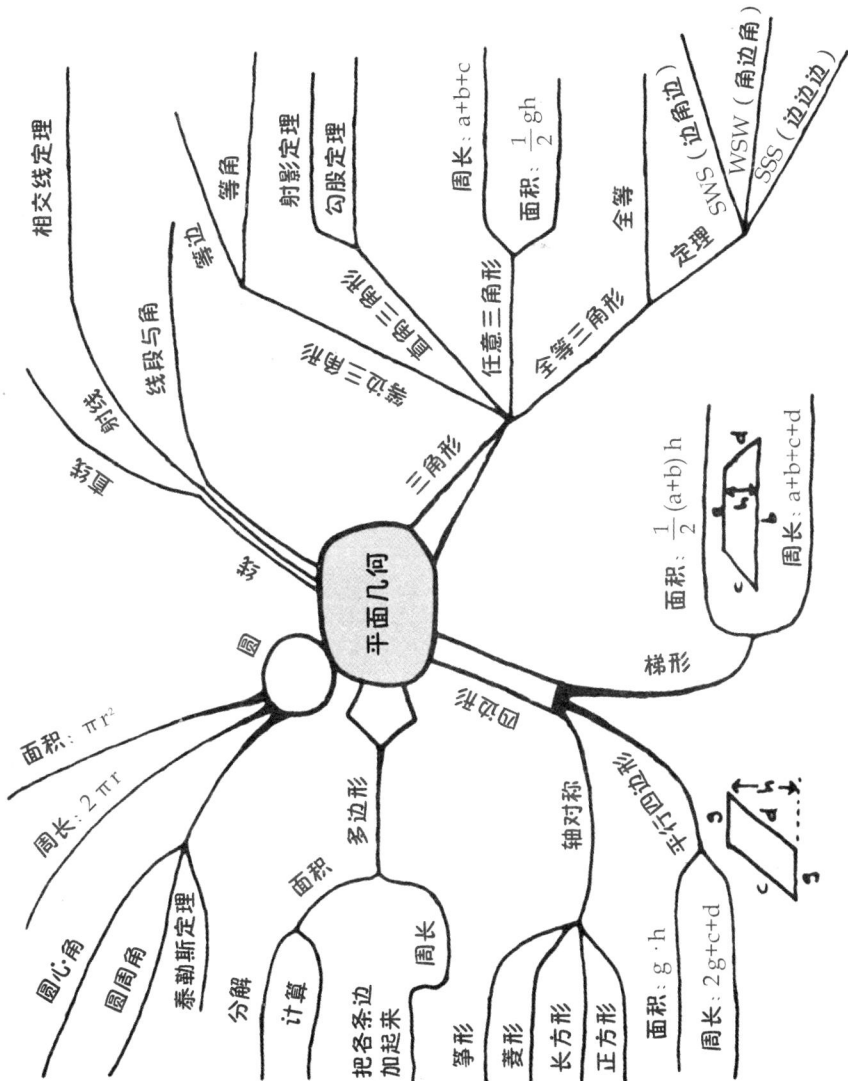

平面几何

三角形
- 相交线定理
- 线段与角
- 相似三角形
  - 等边
  - 等角
  - 射影定理
- 直角三角形
  - 勾股定理
- 任意三角形
  - 周长：a+b+c
  - 面积：$\frac{1}{2}$ gh
- 全等三角形
  - 全等
  - 定理
    - SWS（边角边）
    - WSW（角边角）
    - SSS（边边边）

梯形
- 面积：$\frac{1}{2}$ (a+b) h
- 周长：a+b+c+d

圆
- 面积：πr^2
- 周长：$2\pi r$
- 圆心角
- 圆周角
- 泰勒斯定理

多边形
- 面积
  - 分解
  - 计算
- 周长
  - 把各条边加起来

轴对称
- 筝形
- 菱形
- 长方形
- 正方形

平行四边形
- 面积：g·h
- 周长：2g+c+d

练习

39

其原因有三：

- 你能够更好地规划你的下一个步骤。

- 你能够发现各个主题之间可能存在的联系。

- 这样做能够帮助你在考试的时候更快地找到答案或者解决方法，因为每个问题或者任务肯定与你头脑地图中的一个主干有关系！你可以参看我们就"平面几何学"这个主题画的一张这样的巨型头脑地图。

处理细节！

为你的巨型头脑地图中的每条主干再绘制一张头脑地图。这张头脑地图涵盖的内容要多于巨型头脑地图中枝丫上的内容。我们拿上面那个例子来说，就是比如你不仅仅只把勾股定理这个关键词写出来，而且还要把整个定理写出来并做相关的练习。你在这个步骤中制作的头脑地图非常重要，因此你要牢牢记住它们并凭记忆把头脑地图中的内容念给自己听。

制作一张作弊图！

在经历过第一步与第二步之后，如果有些内容你还是无法记住的话，那就把它们以作弊图的形式写在一张纸上，在考试开始前（而不是在考试的时候）再看一遍。

小结

利用头脑地图你能够快速而高效地整理学习材料并长时间地记住它们。此外，利用头脑地图你还可以分析课文、做报告以及做最后的考试准备工作。

- 在分析课文的时候，你应该有步骤地进行：获得概览，思考作者的意图，阅读，标记关键词，制作一张头脑地图并凭记忆把这张头脑地图描述的内容复述一遍。
- 头脑地图简单而灵活，因此非常适用于做记录报告。
- 借助于巨型头脑地图以及为各条主干绘制的头脑地图，你能够合理地针对考试来学习。

Chapter 3

激活知识并更好地运用知识

- 在写作文以及报告中，如何指引你的思维朝着
  正确的方向发展？

- 人们如何使用头脑地图来做出游等计划？

- 如何最佳地展现你的工作成果？

好的开始是成功的一半。

——亚里士多德

如上一章所描述的那样，利用头脑地图这种学习方法，你能够更容易地整理学习材料并记住它们。头脑地图不仅仅是一种学习方法，它还是一种有益的工作方法，比如当你：

- 想写作文、报告或者信件的时候。

- 需要绝妙的主意来解决一个任务时。

- 要规划项目时。在这些项目中你必须考虑很多方面。

那么你可以从绘制头脑地图开始（就像亚里士

多德所说的那样，你已经成功了一半）。

从绘制头脑地图开始你就成功了一半，因为绘制头脑地图能够有意识地激发你的右脑，唤起右脑的想象能力并想出具有创造性的主意。此外，头脑地图的结构以及一目了然的格式不仅有助于你通观全局，还有助于你考虑到下一步计划的各个方面。

在本章中，你将学会如何充分利用头脑地图，使它发挥最大效用。

写出有创意的文章

纪实报告、叙述、短评、家庭作业……人们要在一张白纸面前坐多长时间才能把这些东西写完啊，想想就觉得可怕。开始往往是最难的。甚至就算人们费劲地找到了一些要点、理出了一点头绪，但距离写出一篇各个句子之间衔接流畅、不跑题的文章似乎还是很遥远。头脑地图缩短了这段距离，因为每到关键的地方，它就能够指引你的思维朝着正确的方向发展。请按照顺序阅读下面的指南！

1.集思广益

在开始任务之前，给自己15分钟的时间，把所有你想到的、与主题有关的都写下来。人们把这种收集思想的行为称之为"集思广益"。在考试的时候，腾出少量的时间来"集思广益"也很有意义。但是要注意以下几点：

- 刚开始时使用"簇"。这样你的思维能够更自由地流淌，因为使用簇这种方法，你不用划分、组织你的思想结构。

- 把你想到的都写下来——尽管有时候你想到的主意听起来似乎很疯狂，但是疯狂的想法往往是最好的。

- 如果你有了一个全新的想法，那就在簇中为它画一根新的"树枝"。

- 使用图画与象征符号！这会激发你的右脑并引发新的想象。

建议

试试与朋友一起绘制头脑地图吧！4个或者6个人想到的总是会比一个人想到的多。此外，他人的想法能够激发你蹦出新的想法。作为头脑地图专家，你可以把大家所说的一切都写在纸上。

2.组织结构

如果你再也没有新的想法了，你就可以把你的簇转换成头脑地图了。此时你应该：

- 为头脑地图找到一个合理的划分方法。

- 把簇中的概念转换成关键词，转换一个就划掉一个。

- 使用颜色、图画与象征符号。

- 如果有必要的话，对簇中的内容进行补充。

- 把没有意义的以及多余的内容划掉。

- 用箭头标注各个分枝间的关系。

3.补充细节

现在利用互联网以及第二章中介绍的分析课文的方法，你能够对关键词进行更详细的扩展。重要的是，要找到好的措辞来进行扩展，簇能够帮助你做到这一点。比如你想就"与一个老爷爷的相遇"写点东西的话，那么你的第一步尝试可能会是这样：

在我前面站着一个男人，从他的外貌可以看出来他的年纪已经很大了。我觉得，他有很多心事！

当然你也可以这样写：

我遇见了一个老爷爷，年龄把他的背都压弯了，就像风中的树枝。他骄傲地坚持着他的信仰并对此深信不疑，丝毫不受他那弯弯的脊背的影响。

下面这个簇为第二个表达提供了重要的联想：

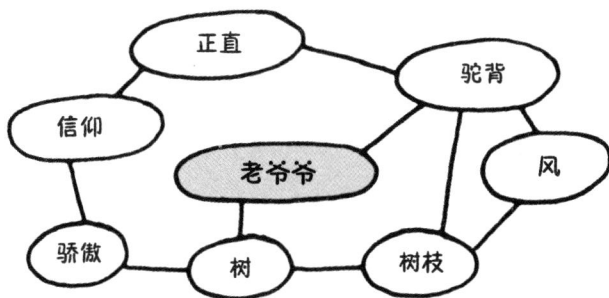

练习

为"绿"或者"冷"制作一个簇，当作联想练习来做吧！规定自己在一分钟之内完成这个练习。

做报告

做报告是一件考验你能力的事，你不仅要起草报告，还要陈述你的报告——也就是展示你的成果！一次成功的报告需要考虑很多。这里，我们想讨论的问题是，如何利用头脑地图来帮助你做一次精彩的演讲。

准备工作

在你完全制订好了你的报告之后，就要把最重要的信息汇集到一张大的头脑地图上。如果一张头脑地图不够用呢？那就先制订一张概要头脑地图，然后为概要中的每条主干再制作一张头脑地图。记住这些头脑地图，然后凭着记忆把它们大声读出来。读的时候不能只局限于列举关键词，你必须组字成句，找到关键词之间的过渡点并说明它们之间的相互联系。

📑 头脑地图作为演讲稿

利用头脑地图来准备演讲能够让你做到脱稿演讲，而不用照着稿子来念，这样你也能够更好地保持与听众的目光交流。头脑地图能够让你牢牢记住报告的概要，在回答听众的问题时也不用去翻阅你的演讲资料，你的思维能够简单地切换到另外一根枝丫，因此你不会跑题。此外，你还能够决定是否继续这根主干上的话题或者回到之前的话题。

📑 头脑地图作为形象化助手

做报告的时候，要让自己的想法能以关键词或者图片的形式出现在听众的脑海中，这点很关键。（你是否还记得这句话——"为了让别人能够理解，人们必须把他所讲的东西让别人看见。"）对此，头脑地图能够帮你做到这一点：

● 你可以把总结好的头脑地图打印出来，分发给听众。

- 你可以在做报告的时候，用彩色粉笔在黑板上画一张头脑地图，或者用彩色水笔画一张海报。图文并茂，这样听众能够更好地理解你的思想。如果听众有其他建议的话，你可以把它们添加进你的头脑地图之中。关于海报上的头脑地图，你可以先在家用铅笔画一下，这样你对头脑地图的印象会更深刻。

- 计算机程序能够提供给你各种各样的图画与象征符号，让你制作出彩色的头脑地图。你可以把每个要点放在不同的背景之上，然后打印出来并把它们重叠在一起放在投影仪上。

利用头脑地图来进行规划

　　你是否经历过这样的情况，就是事情都不按照之前计划的来进行？骑自行车郊游时，要么没有目标地到处逛，要么因为景点旁边在进行施工而无法观看景点？糟糕的规划会使得这种计划很快就成为令人沮丧的活动。

　　在学校里，你也要有突出的学习规划能力。一方面，你必须规划你的时间，比如你为考试而做准备的那段时间；另外一方面，学校里新的授课形式越来越多，如每周作业（给学生任务表，学生自己规划完成任务的顺序以及小组形式，比如是自己一个人完成还是与别人合作）、项目课或者项目周，你要自己规划实施这些项目。

你已经知道如何利用头脑地图来展示你的项目成果，现在我们想教你的是，如何利用头脑地图来简化规划以及实施工作。在后文会有一个例子，关于规划一次学术旅行的头脑地图，学术旅行的任务是检测一条河流的水质。

为什么利用头脑地图？

- 头脑地图的结构清晰、一目了然。你立马就能够看到下一个任务是什么。

- 利用头脑地图你能够通观全局，因此你不会遗漏任何要点。

- 头脑地图很灵活。如果在规划的过程中出现了新的观点，你只要在正确的地方画上一根树枝就能够把它添加进去。

实现项目

你可以把项目工作分成4个阶段来进行。不管你是一个人还是一个团队，头脑地图都能够帮助你把4个阶段组织好。

阶段1：设定目标

在这个阶段，你们就这个项目的确切目标达成一致意见。收集所有参与者的主意与兴趣，然后把它们写在一张大的头脑地图上，最后再一起讨论，在这些主意与兴趣中哪些有意义、有趣并且可执行。

阶段2：规划

再制作一张头脑地图，里面的内容包括：谁、什么时候、要做什么，要购置哪些设备、要邀请哪方面的专家以及在哪收集信息。

阶段3：实施

在这个阶段，规划好的头脑地图应该让每个人都能理解。任务每完成一个就勾掉一个。

阶段4：鉴定

最后一个环节是鉴定。一起观察你们的工作结果。它是否满足了阶段1中头脑地图的要求？这个规划好的头脑地图

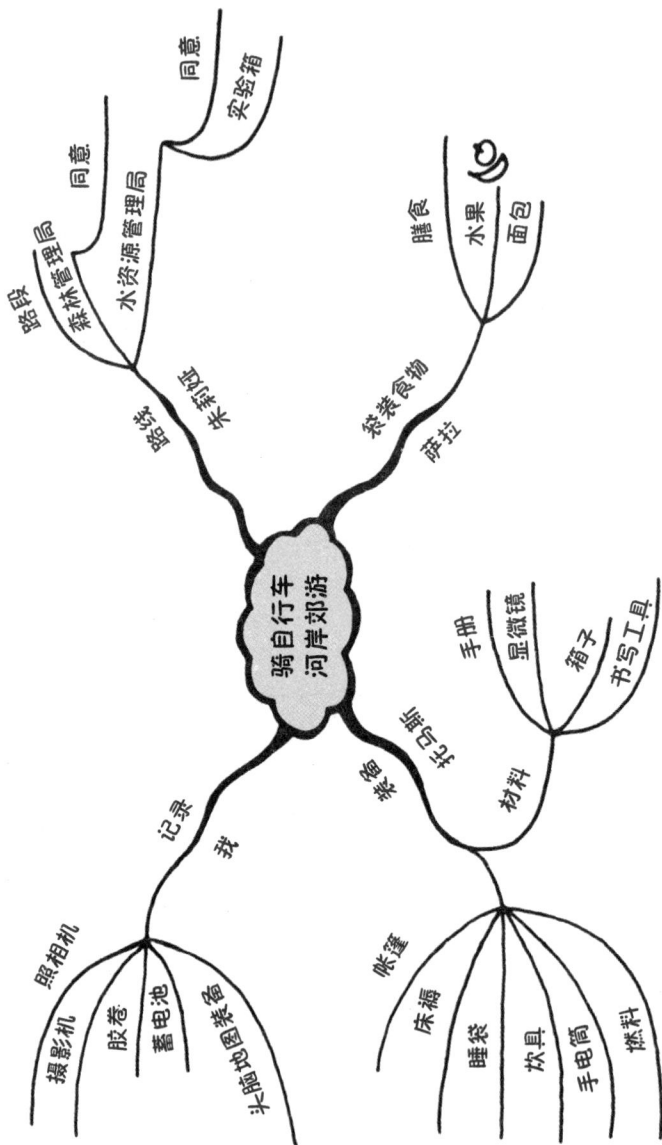

骑自行车河岸郊游

路线
- 米莉亚
  - 水资源管理局
    - 同意
    - 实验箱
  - 森林管理局
    - 同意
- 路段

装备
- 我
  - 记录
    - 照相机
    - 摄影机
    - 胶卷
    - 蓄电池
    - 头脑地图装备
- 编写材料
  - 材料
    - 手册
    - 显微镜
    - 箱子
    - 书写工具
  - 帐篷
    - 床褥
    - 睡袋
    - 炊具
    - 手电筒
    - 燃料

素食食物
- 玛拉
  - 膳食
    - 水果
    - 面包

中的任务是否完全实施了？

规划一天的日程

在每次规划中，时间都起着决定性的作用。对于规划一天的日程来讲，头脑地图是个得力的助手，因为这种头脑地图的外形与钟的外形一样，非常有助于你的记忆。下面是我们给你举的一个例子。因为你一上午都是在学校里，所以你只需要把中午到午夜的时间规划画在头脑地图上就可以了。比如说你在3点钟的时候要做什么，就把它们写在一根树枝

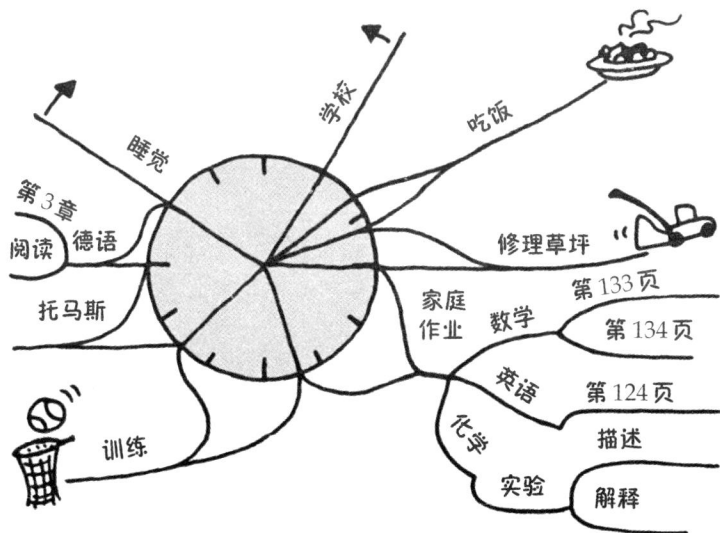

上，这根树枝相对应的位置是时钟上的3点。

现在，你已经成为头脑地图专家，给我们展示下你绘制头脑地图的能力吧！请为前文中测试河流质量的郊游准备一份报告吧——当然是利用头脑地图来展示！

小结

头脑地图能够帮助你充分发挥创造性能力：

· 在写作文、家庭作业以及报告的时候，"簇"能够帮助你想到更多的主意。你可以以头脑地图的形式把这些主意组织得清清楚楚、一目了然。借助于"簇"的联想练习，你能够找到更好的措辞。

· 头脑地图作为演讲手稿适用于做报告，作为形象化助手适用于开展项目工作。

· 头脑地图有助于你规划项目以及大的计划，还能够帮助你管理你的时间。

Chapter **4.**

学校里的头脑地图

- 如何掌握一个名人的生平及其著作的概况？

- 如何借助于头脑地图更轻松地学习语法？

- 如何运用头脑地图来做实验报告？

生命中最困难的事情是让头脑与心相互合作。

在我身上，它们从未友好地交往过。

——伍迪·艾伦

你是否也像伍迪·艾伦一样呢？我们并不期待你因为头脑地图而爱上学习。但是一张头脑地图肯定比一篇文章或者一本关键词集锦更能够激发你的学习兴趣。

在前面的章节中，我们已经阐明了头脑地图的各种用途。此外，我们还针对你的两门科目给出了具体的例子：复习数学的头脑地图与社会学课中的成果记录报告。

在下面的文章中，我们将就头脑地图在不同的学科中的运用列举几个例子。你可以把这些头脑地图转移到更大的纸张上，并添加上图画、颜色与象征符号。希望我们列举的例子能够给你启发。你可以自己思考下，应该给各个科目配上哪种形式的头脑地图。

文学

文学是语文课的一个重要组成。在文学课中，你不仅要理解书的内容，还要了解写这本书的作者的生平。比如，如果你想正确理解一篇小说的话，先了解与作者有关的一些信息会有所帮助。一篇作者介绍能够帮助你了解作者的生平。下页是关于"海因里希·伯尔"的一张头脑地图。与所有的头脑地图一样，这里也是使用关键词。只有当你更深入地研究这个主题，你才能够知道这些关键词的具体含义。要了解"海因里希·伯尔"，只凭这一张头脑地图是远远不够的。但是它非常有助于你的记忆，有助于你收集信息。关键词说明：

● 《莱尼和他们》，1971年；

- 《一次出差旅行的结束》，1966年；

- 《离开军队》，1964年；

- 《伯尔讽刺文选》，1958年；

- 《丧失了名誉的卡塔琳娜》，1974年；

- 《小丑之见》，1963年；

- 《九点半钟的台球》，1959年；

- 《亚当，你到过哪里？》，1951年；

- 《火车正点》，1949年。

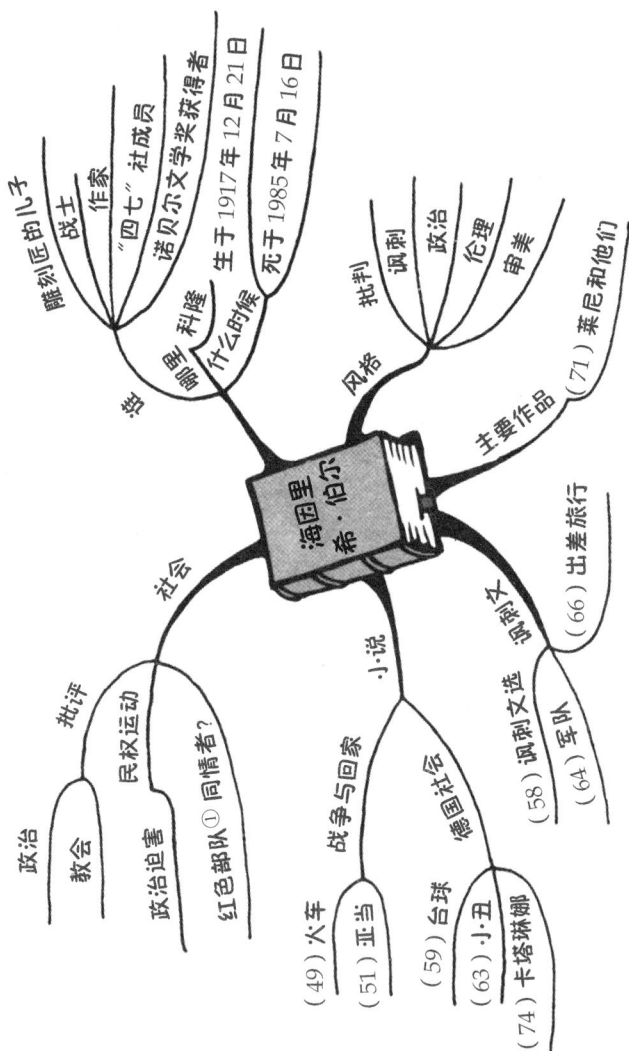

雕刻匠的儿子
战士
"四七"社成员
作家
诺贝尔文学奖获得者
生于 1917 年 12 月 21 日
死于 1985 年 7 月 16 日
哪里
科隆
什么时候
海因里希·伯尔
批判
讽刺
政治
伦理
审美
风格
主要作品
(71) 莱尼和他们
(66) 出差旅行
讽刺父
(64) 军队
(58) 讽刺文选
小说
德国社会
战争与回家
台球
小丑
卡塔琳娜
(49) 火车
(51) 正当
(59) 台球
(63) 小丑
(74) 卡塔琳娜
社会
政治
教会
政治迫害
红色部队① 同情者?
民权运动
批评
政治

---

① 20世纪七八十年代德国地下暴力革命组织。——编者注

英语

　　对于英语课，我们选择了语法作为例子来讲。利用头脑地图，我们能够把标准的语法结构清晰地描述出来。下文中的例子也表明了，头脑地图的形式是多种多样的。在这个头脑地图中只有两支主干来描述英语语法中的两种"现在时"形式。在阅读这张头脑地图的时候，要从下往上看。在阅读的时候，你肯定也注意到了，关键词是由大写字母构成的，因为在英语当中几乎所有的字母都是小写，所以大写更能够吸引人们的注意力。

　　当然，就像其他语种的科目一样，在英语科目中，你也可以利用头脑地图来分析文章或者介绍作者。如果你以后在学习德语、法语、西班牙语或者拉丁语的时候也利用头脑地图：

- 学习语法；

- 分析文章；

- 对人物进行描述；

- 写作文。

那么你在学习这门语言的时候，会获得更多的乐趣并将取得更大的成功。

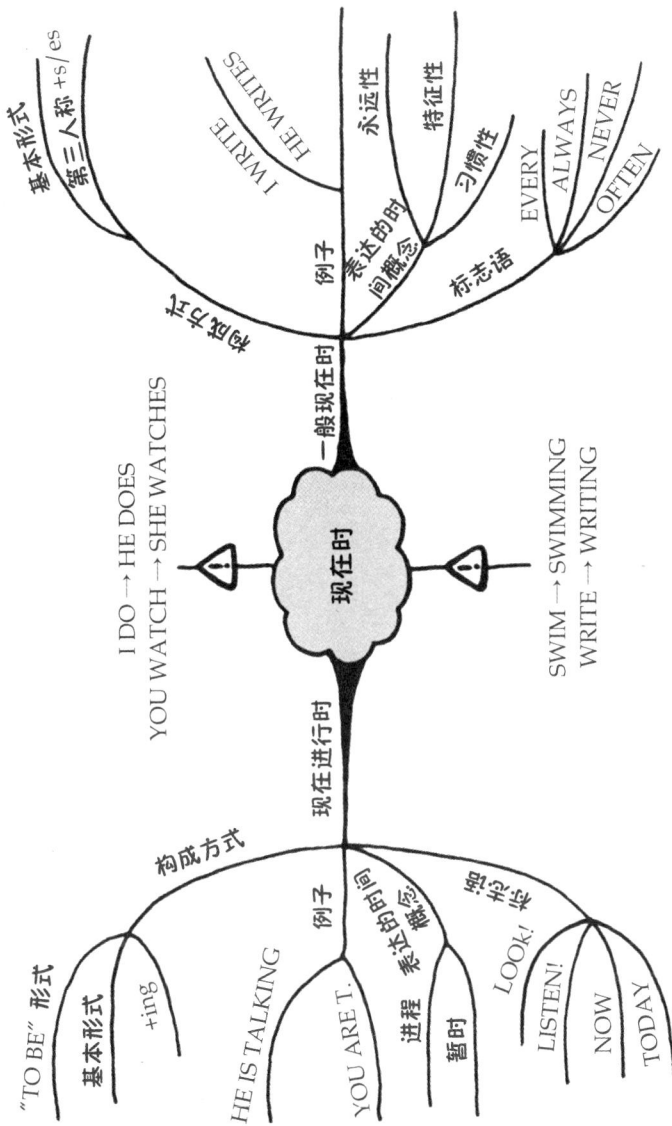

现在时

一般现在时

构成方式
基本形式
第三人称 +s/es

例子
I WRITE
HE WRITES

表达的时间概念
永远性
特征性
习惯性

标志语
EVERY
ALWAYS
NEVER
OFTEN

I DO → HE DOES
YOU WATCH → SHE WATCHES

SWIM → SWIMMING
WRITE → WRITING

现在进行时

构成方式
"TO BE" 形式
基本形式 +ing

例子
HE IS TALKING
YOU ARE T.

表达的时间概念
进程
暂时

标志语
LOOK!
LISTEN!
NOW
TODAY

艺术

每张头脑地图都是一件小小的艺术品。因此在艺术理论课上能够更好地利用头脑地图一点都不奇怪。你可以把艺术中重要的速描与插图直接放进你的头脑地图中。油画、建筑或者素描画通常可以从多个角度来进行观察，因此不同的观察者会有不同的感觉。用一张有很多树枝的头脑地图，你可以把这种多角度的视角很好地描述出来。

下文中是一张描述欧洲一种艺术风格——哥特式的头脑地图。把时代、区域、特征以及最重要的代表写进头脑地图中——当然你也可以使用其他时期的绘画或者建筑，要把它们最重要的几个方面写进头脑地图中。

头脑地图的其他用途：

● 介绍一名艺术家，如前文所描述的那样。

● 就像你诠释一篇文学作品一样描述并诠释一件艺术品。

哥特式

年代
- 1150
- 1500
- I
- D
- F
- E
- GB

特点
- 尖拱
  - 半圆形
  - 略尖
  - 很尖
- 尖塔
  - 高
  - 挑空
- 加肋十字拱
- 扶垛
  - 哥特式空间拱
  - 拱扶垛
  - 支柱
    - 哥特式尖拱
    - 十字形花饰

例子
- 教堂
  - 科隆
  - 圣母院
  - 斯特拉斯堡
  - 明斯特
  - 吕贝克
- 市政厅
- 布伦瑞克
- 墙面正视图
  - 窗饰
    - 框架结构
    - 鱼鳔状花纹的装饰物
    - 拱形窗上的圆弧形曲线花纹
  - 柱廊
  - 柱

历史

文章分析不仅在历史课上，而且在社会学、伦理学以及宗教学中都有重要的作用。比如一篇讲述引发法国大革命的原因的文章，你就应该一直借助第二章中介绍的方法来对它进行整理。此外，头脑地图还适合于描述历史发展进程。你可以把德国1848年的革命进程、希特勒夺取政权路上的重要数据或者导致柏林墙倒的事件等汇编在一张头脑地图上。请按照下面的模式操作：

- 按照事件发生的时间先后来安排它们的顺序。

- 从右上方开始写第一件事。

- 把日期或者时间段写在主干上。

- 用一根枝丫把描述事件的关键词添加进去。

- 按照顺时针方向来补充头脑地图。如果，如下页中的法国大革命这个例子，所有的事件都是在一年之内发生的，那么你可以把这张头脑地图画成"一个表示一年12个月的钟"的形式。比如，如果是在5月份发生的，那就在时钟5这个点上画分一根枝丫，如果是在12月份发生的，那么就在时钟12这个点上画分一根枝丫。

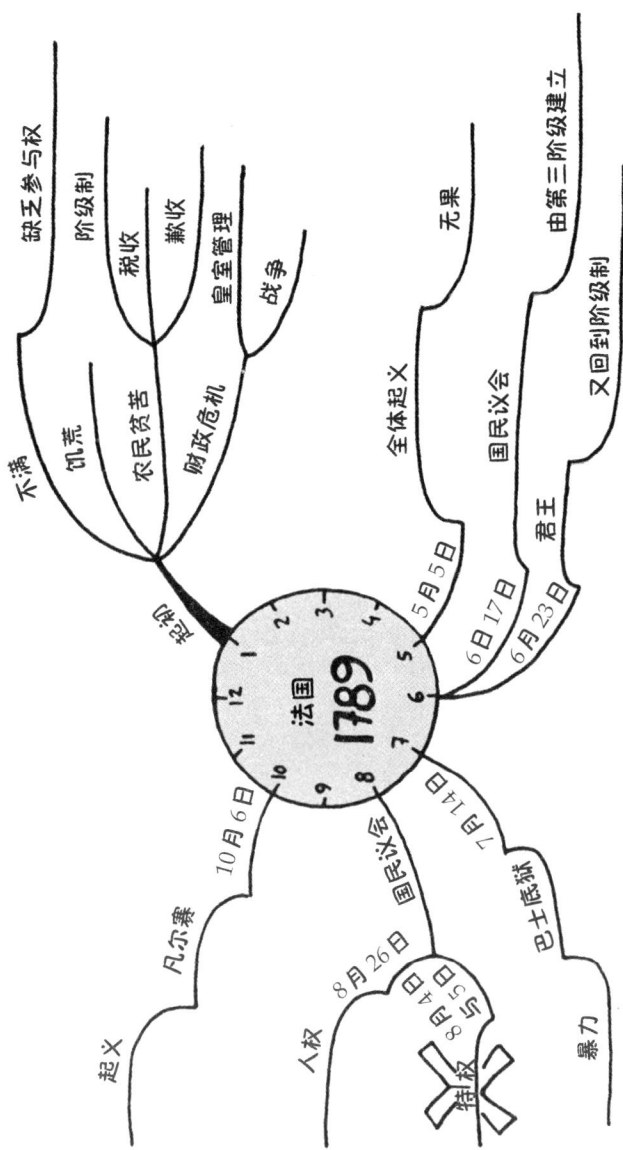

缺王参与权

阶级制

税收

欠收

皇室管理

战争

不满

饥荒

农民贫苦

财政危机

无果

国民议会

由第三阶级建立

又回到阶级制

君王

全体起义

5月5日

6月17日

6月23日

法国

1789

10月6日

国民议会

7月14日

凡尔赛

起义

人权

8月26日

8月4日 与 5 日

特权

巴士底狱

暴力

73

物理

　　头脑地图的用途不仅仅是局限在社会科学中，它还可以用于自然科学中。在物理与化学实验中，把实验进展报告做成头脑地图的形式非常有利于你的理解与记忆。一方面，这种方法非常快，另一方面，以后你还可以把你同学的观察结果添加进去。如果你把公式写在纸张的中间，然后在每个字母的旁边画一根树枝并在树枝上写上物理数值的名称的话，那么公式的学习会变得更简单。但是请注意！单纯地学习公式并不意味着你就能够正确地运用它们。你必须要理解它们，并且要知道在什么情况下运用它们。

　　后文所描述的是有关热学的一张头脑地图。它讲解了四冲程汽油发动机的工作原理。你可以借鉴这个例子，利用头脑地图大量描述物理与化学中的知识。当你想讲解某个机器或者某种过程的工作原理时，你就可以用头脑地图来进行讲解。讲解的时候要注意，要从右上方开始，并一步一步地按照顺时针方向来进行。

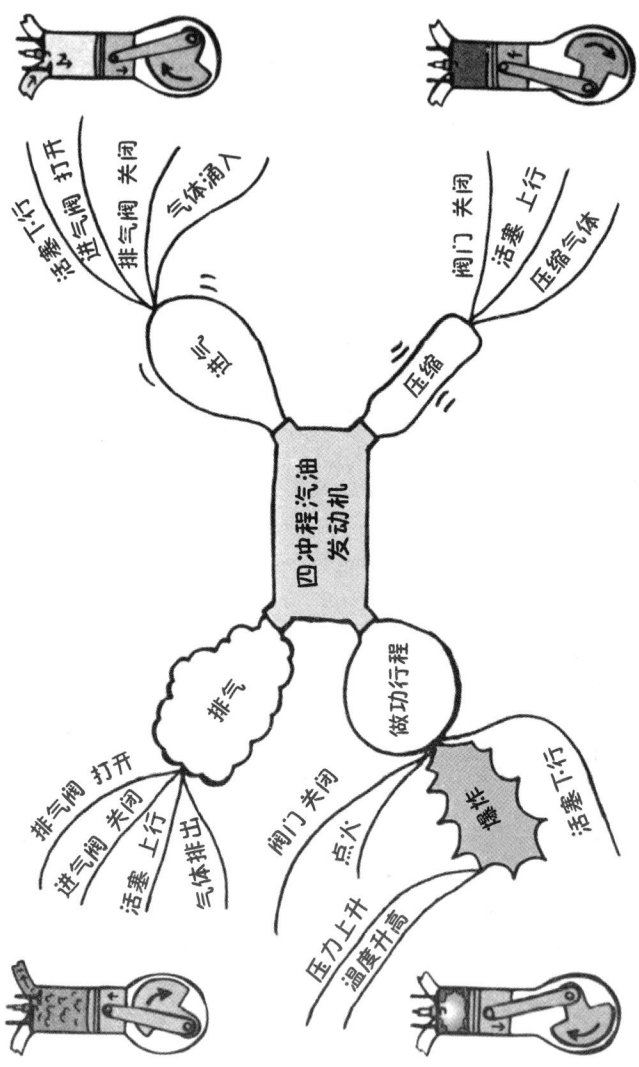

四冲程汽油发动机

进气
- 活塞下行
- 进气阀 打开
- 排气阀 关闭
- 气体涌入

压缩
- 阀门 关闭
- 活塞上行
- 压缩气体

排气
- 排气阀 打开
- 进气阀 关闭
- 活塞 上行
- 气体排出

做功行程
- 阀门 关闭
- 点火
- 压力上升
- 温度升高
- 爆炸
- 活塞下行

生物

生物学家经常使用图解，它们与头脑地图有很多相似点。如果他们想讲解遗传学中遗传基因是如何传给下一代的，那么他们会画树形图来进行讲解。每一代对应一根树枝，后代就用枝丫来表示。

再举一个例子，比如食物链，利用头脑地图你能够形象地描述各种动物之间的猎食关系：把猎食者放在一根树枝上，被猎食者放在枝丫上。以此类推，那些被猎食者所吃的动物，你可以把它们添加在更小的枝丫上。

在生物学中，那些有着相同特征的动物或者植物会被归纳到一个组里面。因此，在动物界中，后生动物（Metazoa）

又被归纳为脊索动物门，脊索动物门又可以分为尾索动物亚门、头索动物亚门以及脊椎动物亚门。

你看，如果只使用单词来讲解的话，这种关系讲解起来会非常烦琐。如果使用头脑地图的话就会变得更简单。你自己动手试一试吧！下页是一张对脊椎动物进行分类的头脑地图。

你肯定还能够发现头脑地图其他的一些用途。如果你用计算机程序绘制了头脑地图，你可以添加各种象征符号、图片等。

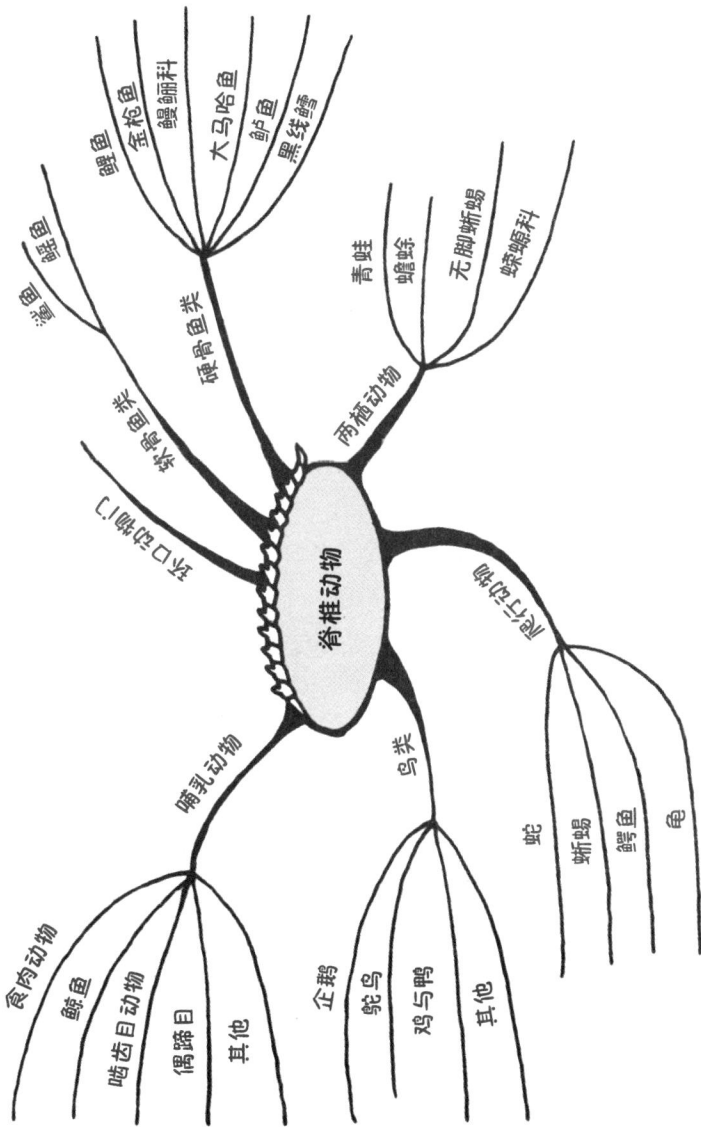

脊椎动物

无颌动物门
软骨鱼类
硬骨鱼类
两栖动物
哺乳动物
鸟类
爬行动物

鲨鱼
鳐鱼
鳗鱼
金枪鱼科
鳗鲡科
大马哈鱼
鲈鱼
黑线鳕

青蛙
蟾蜍
无脚蜥蜴
蝾螈科

食肉动物
鲸鱼
啮齿目动物
偶蹄目
其他

企鹅
驼鸟
鸡与鸭
其他

蛇
蜥蜴
鳄鱼
龟

小结

头脑地图在学校里的用途非常之多。除了分析文章、记录课堂笔记以及准备考试外，各种各样的头脑地图还可以运用到各个学科的学习之中。

· 语言、艺术与音乐：

介绍艺术家，讲解作品，描述各个时代。

· 历史、社会学：

整理文章，介绍重要的政治家、为民族自由独立而斗争的战士以及公民权维护者，描述历史发展进程。

· 自然科学：

实验进展报告，描述进程与循环运动，阐明公式、分类。

学会自我激励

[德]赖因哈德·施普伦格

[德]克里斯蒂娜·索尔

认识自己的长处

[德]莫妮卡·孔茨

[德]哈迪·瓦格纳

发现你的创造力

[德]比约恩·格默

变身演讲高手

[德]克里斯蒂娜·索尔

定价：68.00元

成为运算高手

[德]乌里·基斯林

[德]迪尔克·康纳茨

打造满分作文

[德]达尼埃拉·托伊雷尔

轻松完成家庭作业

[德]比约恩·格默

[德]克里斯蒂娜·康纳茨

搞定课堂测验

[德]迪尔克·康纳茨

[德]克里斯蒂娜·康纳茨

巧解应用题

[德]比约恩·格默

定价：88.00元

学会绘制头脑地图
[德]比约恩·格默
[德]克里斯蒂娜·索尔
[德]迪尔克·康纳茨

让你提高记忆力
[德]克里斯蒂娜·索尔
[德]迪尔克·康纳茨

学会集中注意力
[德]比约恩·格默

找到你的学习方法
[德]迪尔克·康纳茨
[德]克里斯蒂娜·索尔

定价：68.00元

管好自己最重要

学会管理时间
[德]洛塔尔·J.赛韦特
[德]迪尔克·康纳茨

学会实现目标
[德]迪尔克·康纳茨
[德]胡内特·施瓦茨

学会保持健康
[德]乌尔里希·施特龙茨
[德]迪尔克·康纳茨

学会利用网络
[德]塞巴斯蒂安·索尔

定价: 68.00元

学会放松
[德]迪尔克·康纳茨
[德]克里斯蒂娜·索尔

让你增强自信心
[德]芭芭拉·希普

学会战胜压力
[德]芭芭拉·希普

学会正确处理冲突
[德]比约恩·格默
[德]克里斯蒂娜·索尔

定价：68.00元

自信社交我最棒

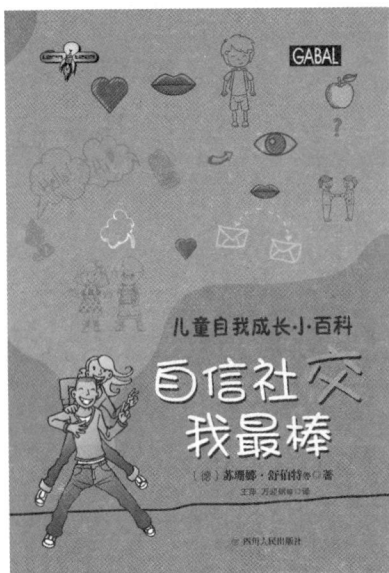

成为说服他人的专家
[德]克里斯蒂娜·索尔
[德]迪尔克·康纳茨

学会与异性正确交往
[德]迪尔克·康纳茨
[德]迪尔克·杰勒曼

拥有完美举止
[德]苏珊娜·舒伯特

快速提高口头表达能力
[德]比约恩·格默　[德]迪尔克·康纳茨

学会与人相处
[德]莫妮卡·孔茨　[德]哈迪·瓦格纳

定价：88.00元